Hermann Glettler
Michael Lehofer

Die fremde Gestalt

Gespräche über den unbequemen Jesus

Inhalt

Vorwort

Dieses Buch begann an einem trüben Sonntagnachmittag bei einer guten Tasse Tee. Unser Gespräch kam auf das Tagesevangelium, in dem von einem höchst unkonventionellen und unhöflichen Verhalten Jesu die Rede ist. Einer kanaanäischen Frau begegnete er richtig unverschämt und brüskierend. Wir gestanden uns gegenseitig unser Erstaunen über diese weitgehend unbekannte Seite Jesu.

So wie wir meinen viele, Jesus von Nazareth so halbwegs zu kennen. Wer konfrontiert sich denn mit dem Sperrigen, Fremden und gar nicht Bequemen in den Reden und im Auftreten Jesu? Und was entgeht einem von der spirituellen Kraft und Lebendigkeit Jesu, wenn man dies nicht tut? Ist unsere Beziehung zu ihm vielleicht deshalb oft so fad, so irrelevant für das normale Leben und letztlich banal, weil wir ihn nur in der schönen, domestizierten Verpackung haben wollen?

Neigen wir nicht in allen unseren Beziehungen dazu, das Unbekannte zugunsten des Bekannten zu minimieren? Dabei lebt jede Beziehung von einer grundsätzlichen Spannung. Es ist die Spannung zwischen einer selbstverständlichen Vertrautheit und einer faszinierenden Fremdheit. Der oder die andere bleibt uns immer ein Stück weit unbekannt und damit überraschend neu und interessant. Für eine lebendige Beziehung braucht es beides, Freiraum und Geborgenheit, Nähe und Distanz. Vertrautheit allein kann zu einer Alltagsbanalität im Umgang führen und eine Beziehung der inneren Spannung berauben. So erzeugt das Vertraute mitunter Distanz, während das Fremde durch das geweckte Interesse Nähe ermöglicht.

Das vorerst unverständliche, ja befremdende Verhalten Jesu im erwähnten Sonntagsevangelium war für uns der Anstoß, über seine „fremde Gestalt" nachzudenken. Den meisten ist Jesus in irgendeiner Weise vertraut, auch wenn es nicht selten nur die spärlichen Reste von Erzählungen sind, die wir in unserer Kindheit über seine Wunderheilungen und seine Sorge um Ausgestoßene gehört haben. Er ist und bleibt die faszinierendste Persönlichkeit der Menschheit. Immer wieder tauchen aber auch Jesusworte auf, die in ihrer eigenartigen Fremdheit aufhorchen lassen. Sie stellen das Vertraute infrage. Die vorliegenden Gespräche haben genau diese relativ unbekannten oder zumindest gerne verdrängten Textstellen aus den vier Evangelien zum Ausgangspunkt gewählt.

„Der am Herzen des Vaters ruht, hat Kunde gebracht." So steht es im Prolog des Johannesevangeliums. Auf die Frage des Apostels Philippus antwortete er: „Wer mich sieht, sieht den Vater." (Joh 14,9) Das bedeutet: Jesus ist die Zugänglichkeit zum innersten Geheimnis Gottes. Er hat den Vorhang des Nichtwissens und der Trennung zwischen Gott und Mensch entfernt. Wenn wir dennoch im Folgenden von der unbequemen und fremden Seite Jesu sprechen, soll damit keineswegs implizit von einem Rest willkürlicher oder bösartiger Unberechenbarkeit Gottes gesprochen werden. Ganz und gar nicht.

Es ist auch verständlich, dass Menschen, die an Jesus Christus als Gottes Sohn glauben, sich nicht gerne mit dem Menschen Jesus auseinandersetzen wollen. Jedoch eröffnet sich gerade durch die totale Menschwerdung das Geheimnis einer erlösten Begegnung mit Gott. Gott ist das offene, lichte Geheimnis unfassbarer Nähe und Barmherzigkeit. Diesem Geheimnis rund um die Person des Jesus von Nazareth wollen wir nachgehen. Jesus ist uns vertraut und fremd zugleich. Er gehört nicht den Gläubigen allein. Er gehört auch den Verunsicherten und Zweiflern. Er ist nicht der Garant einer wohltemperierten Religiosität für jene, die zum kirchlichen Innenkreis gehören. Obwohl er seinen Jüngern die Freundschaft angeboten und alles mit ihnen geteilt hat, bleibt ein Moment der Unverfügbarkeit, das um eines reifen, gott- und weltoffenen Glaubens willen wahrzunehmen und in seiner Bedeutung hervorzuheben ist. Jesus ist nicht nur „der liebe Jesus", wie wir uns ihn manchmal in kindischer Manier vorstellen – ein Jesus, der keinen Anstoß erregt, der niemanden verunsichert und sich den Erwartungen der Frommen fügt.

Bedauerlicherweise gibt es eine Menge von Jesusbildern, die genau diese Klischees vertiefen. Sie entschärfen seine Bedeutung, verwässern seinen Anspruch und verharmlosen seine Botschaft. Jesus kann emotional verkitscht werden, sodass die herausfordernde Lebensrelevanz seiner Person nicht mehr zum Vorschein kommt. Man kann ihn auch auf das sozialkritische und revolutionäre Potenzial seiner Lebensweise und Botschaft reduzieren. Das hätte zumindest eine politische Stoßkraft für unsere Welt, die sich in einer extremen sozialen Schieflage befindet. Oder man verengt die menschlich-göttliche Weite Jesu auf ein ganz subjektives, pietistisches Format, sodass eine Begegnung mit ihm zu einer einseitig frommen Vereinnahmung verkommt. All diese einseitigen Bilder sind das Resultat der vielen Versuche einer sträflichen Domestizierung Jesu. Deshalb ist es wichtig, im Auftreten und in der Botschaft Jesu besonders jene Momente zu beachten, die sperrig sind und eine tiefere Nachfrage sowie eine persönliche Involvierung erfordern. Das vorliegende Buch ist dem nicht-konformen, unbequemen Jesus auf der Spur.

Dabei versuchen wir auch selbst, unsere Vorstellung von Jesus von falschen Wünschen und Projektionen zu reinigen. Mit dieser Klärung können auch Enttäuschungen einhergehen. Für uns bleibt als zentrale Frage: Herr, wer bist Du? In welchem Gesicht begegnest Du uns heute? Welche Nähe und Fremdheit mutest Du uns heute zu? Das Wahrnehmen der fremden Gestalt Jesu ermöglicht vielleicht auch eine Solidarität mit allen, die trotz persönlicher Anstrengung keinen Zugang zu Gott finden. Dieser Aspekt der inneren Verbundenheit mit allen Fragenden, Suchenden und Zweifelnden ist uns wichtig. Der unbequeme Jesus holt uns auf jeden Fall aus unserer Komfortzone heraus. Wer bereit ist, kann sich auf eine Begegnung mit ihm einlassen.

Hermann Glettler und Michael Lehofer

1

Brutal
unharmonisch

Mt 10,34-36

Denkt nicht, ich sei gekommen, um Frieden auf die Erde zu bringen! Ich bin nicht gekommen, um Frieden zu bringen, sondern das Schwert. Denn ich bin gekommen, um den Sohn mit seinem Vater zu entzweien und die Tochter mit ihrer Mutter und die Schwiegertochter mit ihrer Schwiegermutter; und die Hausgenossen eines Menschen werden seine Feinde sein. Wer Vater oder Mutter mehr liebt als mich, ist meiner nicht wert, und wer Sohn oder Tochter mehr liebt als mich, ist meiner nicht wert.

HG: Ein pakistanischer Bischof hat mir erzählt, dass ein hochrangiger muslimischer Geistlicher einmal in seiner Gegenwart Jesus als jene Person bezeichnete, „die nie ein Schwert angegriffen hat". Er wollte damit seinem offensichtlich geschätzten Gesprächspartner ein Kompliment machen und vielleicht auch über die traurige Tatsache der in Pakistan fast alltäglichen Verfolgung von Christen hinwegtrösten. Dieser aus der Sufi-Mystik kommende Ehrentitel trifft genau das Wesen Jesu. Er ist es, der Gewaltfreiheit gepredigt und einen radikalen Gewaltverzicht für sich und seine Gemeinschaft vorgelebt hat. Umso schockierender und unverständlicher ist die Aussage Jesu über sein Kommen auf die Erde. Er sei gekommen, das Schwert zu bringen und nicht Frieden. „Schwert" steht in dieser Aussage für „Entscheidung". Und Entscheidung beinhaltet immer eine Scheidung. Oft gar eine blutige. Wie lässt sich also diese singuläre Hardcore-Passage aus dem Mund Jesu verstehen? Leicht ließe sie sich für eine Radikalisierung seiner Anhängerschaft missbrauchen – was ja tatsächlich immer wieder geschehen ist.

ML: Man muss ja zugeben, dass die Geschichte des Christentums diesen Text leider auch bestätigen kann. Im Namen Jesu Christi ist viel Heil, aber auch viel Unheil in die Welt gekommen. Wie gesagt, lässt uns dieser Text ein Stück ratlos bleiben angesichts der bei Weitem überwiegenden friedliebenden Aussagen von Jesus. Und doch lohnt es sich, sich auf die Provokation einzulassen: Kann man den Frieden auch dialektisch betrachten? In einer Gruppe von Menschen, bei der man spürt, dass viele ungelöste Konflikte im Hintergrund mitschwingen, bekomme ich gelegentlich den Impuls, diese deutlich zu machen. Es entsteht der Wunsch, die Wunde offenzulegen, damit sie heilen kann. Der Chirurg muss den Menschen verletzen, um ihn zu heilen. Was diese Metapher bedeutet, ist für uns eine Alltagserfahrung. Wir müssen konfliktfähig sein, um Frieden stiften zu können. Nicht nur, sondern auch.

Ich denke desgleichen an Menschen, die sich durch eine ausgesprochene Harmoniebedürftigkeit auszeichnen und die in verschiedensten Situationen gerade dadurch Unfrieden gestiftet haben. Zweifelsohne ist die Konfliktscheu ein Faktor, der sehr viel Unglück erzeugt. Jesus erklärt seinen Jüngern, dass ein Leben mit ihm und seiner Lehre nicht unbedingt nur zu Glück und Eintracht führen muss. Bereits die Erklärung dieser Tatsache zerstreut falsche Erwartungen für ihr eigenes Leben, die sie sonst mit Jesus und seiner Lehre verbunden hätten. Jesus verweist auf die eigentliche Wirklichkeit, nämlich jene der tiefen Verbundenheit mit Gott. Die Verbundenheit zwischen den Menschen, die uns immer als erste vor Augen steht, verblasst vor diesem Hintergrund.

HG: Mit Sicherheit erteilt die extrem „unbequeme" Aussage einem Kuschelkurs in der Nachfolge Jesu eine deutliche Absage. Jesus ist nicht der Meister oberflächlicher Harmonisierungen. Jesus provoziert Entscheidungen. Er ist radikal, weil er die Dinge „von der Wurzel her" (lat. *radix*) angeht und sich nicht scheut, die Wahrheit auszusprechen. Wer mit ihm unterwegs sein will, muss sich auch auf Vorbehalte und Ablehnung bis hinein in die eigene Familie einstellen. Es kann eine schmerzliche Entscheidung notwendig sein, wenn ein Bekenntnis zu Jesus eine Dissonanz zu familiären Erwartungen erzeugt. Ich habe das Glück, dass ich meinen Weg in großer Freiheit gehen konnte. Aber was wäre gewesen und wie hätte ich reagiert, wenn meine Eltern oder Freunde sich massiv gegen meine Lebenswahl ausgesprochen hätten?

Die Nachfolge Jesu kann Leid verursachen. Für die junge Kirche war dies nichts Außergewöhnliches. Verfolgungen um des Himmelreiches willen waren ganz selbstverständlich Bestandteil des „neuen Weges". Nicht alle wollten oder konnten ihn mitgehen. In diesem Text sind somit auch Erfahrungen der ersten Jahrzehnte der Jesusbewegung reflektiert. Die Entscheidung für Christus hat quer durch Bekannten- und Familienkreise Bruchlinien gezeichnet. Jesus hat kein verführerisches Versprechen gegeben, dass ein Leben mit ihm nur auf Zustimmung und Wohlgefallen stoßen würde. Sein radikales Wort beinhaltet damit auch nachträglichen Trost für all jene, die Widerspruch, Ablehnung und sogar Verfolgung hautnah erleben. Ich denke konkret an einige junge Bekannte aus dem Iran, die sich für die Taufe entschieden haben und in den meisten Fällen dafür von ihren Familien verstoßen wurden. In jedem Fall drückt die Ansage vom „Schwert bringen" weder die Absicht noch das Ziel des Wirkens Jesu aus. Vielmehr zeigt sie an, was auf rätselhafte Weise sein Wirken zur Folge hatte und auch heute noch auslöst.

ML: Man kann die Aussage Jesu drehen und wenden, wie man will – sie bleibt ein Stachel im Fleisch. Eine unangenehme, etwas bittere Note in der Begegnung mit der Person Jesu, die aber in uns auch eine Bereitschaft zur Dekonstruktion erzeugen kann. In diesem Fall bedeutet Dekonstruktion, die Fiktion unserer harmonischen Wirklichkeiten aufgeben zu können beziehungsweise ermutigt zu werden, sie aufzugeben. Es ist selbstverständlich, dass man diesen Text nur als Würze in der gesamten geistigen Speise der Heiligen Schrift sehen kann. Aber ohne diese Würze würde der Kontrapunkt fehlen – wie das scharfe Gewürz in einer Speise, das Bittere in einer Schokolade. Das Ganze könnte nicht den Charakter des Offenen, des weiterhin Interessanten, des neugierig Machenden behalten. Das Neue Testament hinterlässt uns nicht ratlos, jedoch zweifelsohne mit einem fragenden, einem offenen Herzen.

HG: Für mich bleibt die Frage, warum Jesus, der vollkommen in der Gesinnung des Erbarmens gelebt und gehandelt hat, gegen Ende seines Lebens extremen Widerstand erfahren musste. Natürlich hat er diesen auch selbst provoziert. Faule Kompromisse wollte er nicht gelten lassen. Er hat sich, seinen Jüngern und uns das Leben damit nicht billig gemacht. Darin liegt für mich die Spur einer Antwort, warum Jesus die brutal unharmonischen Sätze vom „Schwert bringen" überhaupt verwenden konnte. Sie sind mir Anstoß zu einer kritischen Selbstbefragung. Ich kenne die Versuchung, „um des Friedens willen" oder aus Wehleidigkeit den einfacheren Weg zu wählen. Manchmal steht dahinter auch Feigheit, Unentschlossenheit oder Bequemlichkeit, gelegentlich auch die Angst, Ansehen oder Wohlgefallen aufs Spiel zu setzen. Ganz gewiss gibt es somit in der anspruchsvollen Schule Jesu – vermutlich nicht nur für mich – noch einiges zu lernen.

2

Die neue Familienaufstellung

Mk 3,28-35

Jesus sagte: Alle Vergehen und Lästerungen werden den Menschen vergeben werden, so viel sie auch lästern mögen; wer aber den Heiligen Geist lästert, der findet in Ewigkeit keine Vergebung, sondern seine Sünde wird ewig an ihm haften. Sie hatten nämlich gesagt: Er hat einen unreinen Geist. Da kamen seine Mutter und seine Brüder; sie blieben draußen stehen und ließen ihn herausrufen. Es saßen viele Leute um ihn herum und man sagte zu ihm: Siehe, deine Mutter und deine Brüder stehen draußen und suchen dich. Er erwiderte: Wer ist meine Mutter und wer sind meine Brüder? Und er blickte auf die Menschen, die im Kreis um ihn herumsaßen, und sagte: Das hier sind meine Mutter und meine Brüder. Wer den Willen Gottes tut, der ist für mich Bruder und Schwester und Mutter.

HG: Was ist die Sünde gegen den Heiligen Geist? Bitte entschuldige diesen steilen Einstieg in unser Gespräch. Ich möchte diese Frage aufgreifen, weil Bücherregale füllend darüber in der Schultheologie spekuliert wurde. Die für mich überzeugendste Antwort stammt von Papst Franziskus: „Es ist die Sünde, nicht an Gottes Barmherzigkeit zu glauben." Der Hintergrund der Diskussion um die neue Verwandtschaft Jesu ist jedenfalls beklemmend. Die Schriftgelehrten versuchten, sich das außergewöhnliche Wirken Jesu durch den Einfluss dämonischer Kräfte zu erklären. Drastischer kann das Missverständnis nicht sein.

In ihrem vernichtenden Urteil drückt sich eine radikale Ablehnung Jesu aus. Es scheint, dass diese negative Dynamik auch die eigene, leibliche Familie erfasst hat. Sie wollen Jesus vermutlich wieder auf den Boden der Realität holen, weil er doch „von Sinnen sei", wie es an anderer Stelle heißt. Mit einer ziemlich energischen Initiative tritt also die Verwandtschaft auf den Plan. Sie lassen Jesus „herausrufen" – allerdings mit wenig Erfolg. Sie handeln sich eine ziemliche Abfuhr ein.

ML: Der Text schildert eine schwere Brüskierung seiner Mutter und seiner Brüder. Jesus bricht geradezu mit seiner Verwandtschaft, er steht nicht mehr zu ihr. Und das muss man sich vorstellen angesichts orientalischer Familienbande! Vermutlich habe nicht nur ich solche Erlebnisse auch schon gehabt: Ich dachte, eine innige Beziehung zu jemanden zu haben, aber dieser Mensch tat in einem anderen sozialen Kontext so, als ob er mich kaum kennen würde. Solche Erfahrungen der Verleugnung, der Untreue sind immer sehr kränkend. Und so muss auch dieses Verhalten Jesu eine Kränkung für seine Mutter und seine engste Verwandtschaft dargestellt haben.

HG: Jesus sitzt inmitten einer neuen Familie, rundherum seine Jüngerinnen und Jünger. Seine ursprüngliche Familie hat in dieser neuen Familienaufstellung vordergründig keinen Platz mehr – zumindest nicht im Innenkreis. Sie ist zwangsläufig draußen. Drinnen sind diejenigen, die sich auf das Wort Jesu einlassen, an ihn glauben und den Willen Gottes auch tun. Bei der schroffen Gegenfrage „Wer ist meine Mutter und wer sind meine Brüder?" spürt man den Widerstand Jesu gegen die familiäre Rückholaktion. Seine Antwort ist extrem befremdend und verletzend –

speziell gegenüber seiner Mutter: „Wer den Willen Gottes tut, der ist für mich Bruder und Schwester und Mutter."

ML: Liebesbeziehungen sind etwas Heiliges, indem sie einen heil werden lassen. Wir neigen allerdings dazu, sie durch unsere übergroßen Erwartungen zu überfrachten und durch unsere Bedürftigkeit sogar zu zerstören. Die Beziehungen werden überstrapaziert, wenn wir nicht verstehen, dass sie dem Wesen nach Symbole für die spirituelle Verbundenheit, auf christlich übersetzt, Symbole für die große Liebe Gottes zu uns sind. Nur durch diese Einsicht entsprechen wir dem Heiligen. Wenn wir das verstehen, entlasten wir unsere Beziehungen und können sie frei und liebevoll leben. Das heißt, die Radikalität in diesem Text ist bei näherer Betrachtung ein Hinweis darauf, dass jede Beziehung dem Wesen nach auf etwas anderes verweist. Nur in dieser Durchlässigkeit für das Eigentliche kann die Beziehung frei bleiben.

HG: Mir fällt dazu eine Begebenheit ein, die sich bei einem Workshop zum Thema „Partnerschaft und Sexualität" im Rahmen eines interreligiösen Kongresses zugetragen hat. Eine junge Studentin, die nur die Aufgabe hatte, das Protokoll zu erstellen, hat die Diskussion von uns Religionsvertretern mit der Frage unterbrochen: „Wozu ist es eigentlich notwendig, die persönliche Partnerschaft mit Gott in Verbindung zu bringen?" Sie hat sich für die Frage entschuldigt, aber im Grunde nach dem Wesentlichen gefragt.

Nach einer knappen Verlegenheit habe ich folgende Antwort versucht: „Erstens könnte Gott die erste Adresse deiner Dankbarkeit sein, dass du unter Millionen von Alternativen genau diesen wunderbaren Menschen gefunden hast. Zweitens hilft dir der Glaube, dass du deinem Partner verzeihst, für dich nicht Gott sein zu können. Und drittens ist es für einen gläubigen Menschen klar, dass Kinder ein Geschenk Gottes sind und niemand das Recht hat, über sie zu verfügen."

ML: Genau um diesen Punkt geht es in allen menschlichen Beziehungen, um eine verweisende Durchlässigkeit auf das Göttliche hin. Selbstverständlich identifizieren wir uns mit Menschen, die wir lieben. Darauf gründet jede Leidenschaftlichkeit in Beziehungen. Leidenschaftlich müssen sie sein, sonst sind sie leer. Jedoch heißt Identifikation, sich etwas zu eigen zu machen. Die Gefahr ist die Vereinnahmung, die dabei passieren kann. Daher ist es notwendig, den Menschen in dieser Beziehung gleichzeitig auch immer wieder herzugeben, auf ihn zu verzichten. Du bist meine Frau, mein Mann, mein Kind, mein Freund und gleichzeitig bist du mir das alles ohne das „mein". Jesus fordert in radikaler Weise das innere Loslassen ein.

HG: Die erste Provokation in der Antwort Jesu lag aber in der unerhörten Weitung des Beziehungshorizonts, wenn er auf den großen Kreis der Jünger verweist und sinngemäß sagt: „Das ist jetzt meine Familie." Mir fällt dazu eine Begebenheit bei einer Taufe ein, bei der die Familie sehr ausführliche Bitten für das Taufkind vorgetragen hat. Diese waren – gut gemeint – allesamt auf eine maximale Entfaltung und Selbstverwirklichung des Täuflings ausgerichtet. Das Kind sollte mit der Hilfe Gottes der allerbeste, erfolgreichste und alle seine Chancen optimal nützende Mensch werden. Etwas spöttisch würde ich das gerne als Viagra-Spiritualität bezeichnen. Mit der Hilfe Gottes alles zur höchsten Potenz treiben. Ergänzt hat dann ein Diakon diese Bitten in folgender Weise: „Wir beten auch für unsere Verwandten auf den Philippinen." Damals hat dort gerade ein schrecklicher Tsunami gewütet und viel Elend angerichtet. Die Leute waren etwas verstört und verwundert, dass man für die Verwandtschaft des Diakons beten muss. Beim Taufessen danach haben sie sich erkundigt. Der Diakon gab ihnen eine überraschende Antwort: „Wer getauft wird, hat überall auf der Welt Schwestern und Brüder, das ist die neue Verwandtschaft, die jetzt zählt."

Tatsächlich bekommen unsere ganz natürlichen Beziehungen eine neue Qualität, wenn sie auf einen größeren Kreis hin geöffnet bleiben. Wie wir wissen, gibt es Familien, deren Mitglieder in ungesunder Weise aufeinander kleben und sich gegen die Umgebung abschließen. Und es gibt natürlich auch das andere Extrem: Familienbande, die zu unverlässlich oder gar nicht mehr vorhanden sind. Die neue, umfassende „Familie Gottes" ist jedenfalls begründet durch Christus, den menschgewordenen Gott. Ein starkes Bild von Kirche. Das neue familiäre Netzwerk Jesu reicht weit über die Grenzen Palästinas und auch über die Grenzen einer institutionalisierten Religion hinaus. Das gibt dem Reden von der Menschheitsfamilie ihren tiefsten Sinn.

ML: Vor einigen Jahren sind Neurobiologen draufgekommen, dass das Hormon Oxytocin eine starke Rolle bei Liebesbeziehungen spielt. Wenn man sich verbunden fühlt, steigt die Oxytocinwirksamkeit im Gehirn an. Einerseits wird Oxytocin ausgestoßen und andererseits werden Rezeptoren sensibilisiert, die diese Informationen empfangen können. Auch wenn zwei Menschen Geheimnisse austauschen, wird Vertraulichkeit erzeugt und dadurch das Oxytocinlevel im Gehirn erhöht.

Interessanterweise ist es aber auch jenes Neurohormon, das für die Fremdenfeindlichkeit zuständig ist. Fremdenfeindlichkeit ist nichts anderes als eine Reflexion: Wer gehört zu mir und wer gehört nicht zu mir? Daher sind alle politischen Strömungen darauf bedacht, wenn sie sich auf die Ängste in Bezug auf Fremde draufsetzen wollen, die Bewusstheit von Nationalismus, des Eigenständigen und des Besonderen zu fördern, weil sie implizit damit sofort die Fremdenfeindlichkeit und die Angst vor den Fremden erhöhen. Jesus schlägt in diesem Text vor, die Grenzen des Eigenen zu erweitern, um damit die Destruktivität an der Grenze zwischen Ich und Du zu verunmöglichen. Diese Erweiterung der Grenzen ist keine Selbstaufgabe, sondern nur eine Ausdehnung des Identitätsraums.

HG: Dieser Gedanke bewegt mich. Christlicher Glaube gründet auf der Weitung des nur ethnischen und nationalen Identitätsraums. Jesus selbst hat diese Weitung vorgegeben, auch wenn es seine primäre Intention war, sein eigenes Volk zu sammeln. Historisch vollzogen wurde die Weitung des neuen Identitätsraumes durch die Öffnung der Kirche auf die Heiden hin – inmitten des römischen Weltreiches, in dem es ohnehin eine reiche Palette von Nationalitäten, kulturellen Eigenheiten, religiösen Lehren und Kulten gab. Die vom jüdischen Gesetz vorgeschriebene Beschneidung war nicht mehr notwendig, um Christ zu werden. Ohne diese Grenzüberschreitung, die vor allem durch den Apostel Paulus betrieben wurde, wäre das Christentum eine vom Judentum abgespaltete Sekte geblieben. Die junge Kirche konnte gerade in den sozial schwierigen Randzonen der großen multikulturellen Städte an Bedeutung gewinnen, gestützt auf die Lehre und Lebenspraxis Jesu. Er selbst identifizierte sich mit Menschen an den sozialen Rändern.

Christlicher Glaube empfängt seine Dynamik aus einer radikalen Öffnung gegenüber allen. Ich durfte etwas von der Freude erleben, die einer Pfarrgemeinde geschenkt wird, wenn sie das versucht. Wir haben uns in St. Andrä in Graz inmitten eines multikulturellen Stadtteils nicht auf die kleine Restmenge der noch praktizierenden Katholiken beschränkt, sondern eine „neue Familienaufstellung" im Sinne Jesu versucht. Aufgrund einer entschieden gelebten Gastfreundschaft für unterschiedliche ethnische Gruppen, soziale Milieus und Kulturen hat sich die Ahnung von der neuen Familie Jesu eingestellt. Backstage gab es viel Mühe, viele Kämpfe und auch Unverständnis für die konsequente Öffnung, aber durchgesetzt hat sich die Gewissheit, dass wir im Namen des menschgewordenen Gottes doch alle zusammengehören – ohne Wenn und Aber.

3

Spirituell überheblich?

Lk 4,16-24.28-30

So kam Jesus auch nach Nazareth, wo er aufgewachsen war, und ging, wie gewohnt, am Sabbat in die Synagoge. Als er aufstand, um vorzulesen, reichte man ihm die Buchrolle des Propheten Jesaja. Er öffnete sie und fand die Stelle, wo geschrieben steht: Der Geist des Herrn ruht auf mir; denn er hat mich gesalbt. Er hat mich gesandt, damit ich den Armen eine frohe Botschaft bringe; damit ich den Gefangenen die Entlassung verkünde und den Blinden das Augenlicht; damit ich die Zerschlagenen in Freiheit setze und ein Gnadenjahr des Herrn ausrufe. Dann schloss er die Buchrolle, gab sie dem Synagogendiener und setzte sich. Die Augen aller in der Synagoge waren auf ihn gerichtet. Da begann er, ihnen darzulegen: Heute hat sich das Schriftwort, das ihr eben gehört habt, erfüllt. Alle stimmten ihm zu; sie staunten über die Worte der Gnade, die aus seinem Mund hervorgingen, und sagten: Ist das nicht Josefs Sohn? Da entgegnete er ihnen: Sicher werdet ihr mir das Sprichwort vorhalten: Arzt, heile dich selbst! Wenn du in Kafarnaum so große Dinge getan hast, wie wir gehört haben, dann tu sie auch hier in deiner Heimat! Und er setzte hinzu: Amen, ich sage euch: Kein Prophet wird in seiner Heimat anerkannt. Als die Leute in der Synagoge das hörten, gerieten sie alle in Wut. Sie sprangen auf und trieben Jesus zur Stadt hinaus; sie brachten ihn an den Abhang des Berges, auf dem ihre Stadt erbaut war, und wollten ihn hinabstürzen. Er aber schritt mitten durch sie hindurch und ging weg.

HG: Eine Erzählung mit einer extrem bitteren Wende. Faszination am Anfang, Versuch zum Totschlag am Ende. Kurz zur Vorgeschichte: Die Menschen in Galiläa erlebten mit Jesus einen Aufbruch. Sie waren begeistert von seiner Art, in verständlichen Bildern von Gott zu reden, und ebenso begeistert von seinen Taten. In der Dynamik dieses Aufbruchs kommt er in seine Heimatstadt und geht am Sabbat in die Synagoge. Es ist üblich, dass der Gast gebeten wird, den Tagestext vorzulesen und auszulegen. So trägt Jesus den Text des Propheten Jesaja vor, wo es unter anderem heißt: „Der Herr hat mich gesandt, den Armen eine Frohe Botschaft zu verkünden." Provokanterweise hat Jesus beim Vorlesen die Passage vom Gericht, das heißt, von der Vergeltung durch Gott ausgelassen.

Damit hat er schon einen deutlichen Akzent gesetzt. Seine Predigt beginnt er mit dem Hinweis auf das „Heute". Es ist Gottes Zeitwort. Die Leute sind begeistert, staunen und begreifen, dass dieses Heute Gottes jetzt gilt. Blinde, Zerschlagene, Arme und Versager sind von Gott Geliebte! Noch nie hat das jemand so plastisch gepredigt. Aber sind sie selbst damit gemeint? Hat das Konsequenzen? Und was ist mit den anderen, jenen, denen logischerweise das Gericht gelten soll? Hat der Prediger durch die Manipulation des Wortes Gottes nicht die Grenzen zwischen ihnen, die ja doch fromm sind, und den anderen verwischt? Schlägt die positive Stimmung in ihr Gegenteil um? Jesus ist ihnen total sympathisch und unfassbar fremd zugleich.

Es beginnt jedenfalls eine ganz eigenartige Krise. Die eben noch euphorischen Landsleute sagen: „Den kennen wir doch! Ist das nicht der Sohn des Josef?" Die skeptische Frage sagt schon alles. Ist es Unglaube? Oder Hochmut? Fromme und eingebildete Menschen lassen sich nicht gerne infrage stellen. Doch Jesus beschwichtigt die Situation nicht – ganz im Gegenteil. Er schürt und verstärkt den Unmut der Versammlung. Er erzählt mit einigen Beispielen vom Wirken Gottes außerhalb von Israel. Alle geraten in Wut. Die emotional aufgeladene Ablehnung erreicht ihren traurigen Höhepunkt im handgreiflichen Versuch, Jesus zu töten. Dieser jedoch schreitet mit einer erstaunlichen Souveränität durch die aufgebrachte Menge und geht weg. Aber warum ist es überhaupt zu diesem Bruch gekommen?

ML: Es zeigt sich ja immer wieder, dass Führungskräfte, die aus einem Team berufen werden, sogenannte Hausberufungen, Schwierigkeiten haben, vom Team anerkannt zu werden. In der Regel haben es die leichter, die von außen kommen. Mit gleichrangigen Menschen vergleicht man sich gewöhnlich. Das Vergleichen soll die eigene Größe definieren. Wenn ein anderer zu groß ist, fühlt man sich klein und minderwertig. Daraus resultiert der Eindruck, den anderen nicht mehr aushalten zu können. Um diesen psychologischen Mechanismus geht es aus meiner Sicht hier in der Begegnung Jesu mit seinen Landsleuten. Wenn sich Jesus in seiner wahren Größe zeigt, ist das eine Bedrohung des Narzissmus. Um der Selbstrelativierung zu entgehen, müssen sie ihn ablehnen. Am Schluss heißt es: „Sie sprangen auf und trieben Jesus zur Stadt hinaus."

Die Agitation ist der schweren narzisstischen Kränkung geschuldet. Sie bringen ihn dann, laut Erzählung, an den Abhang des Berges und wollen ihn hinabstürzen. In dem Moment, in dem er offensichtlich in höchster Gefahr ist, geht er souverän durch die Menge hindurch. Sie halten ihn nicht fest, sondern lassen ihn gehen, oder besser: Sie müssen ihn gehen lassen. Verblüffend, nicht? Es gibt eine Form der Reinheit und des nicht egoistischen Lebensstils, der Menschen so geheimnisvoll unangreifbar macht. Sie sind nicht aufzuhalten in dem, was sie tun. Dies bedarf aber einer totalen Reinheit. Wenn nur ein bisschen etwas Unreines in der Person ist, kann man sie an dieser Unreinheit festhalten. Das heißt mit anderen Worten: Die Neigung zur Selbstkorruption schwächt uns. Da genügt eine Kleinigkeit. Aber Jesus macht sich durch seine Reinheit und Authentizität unangreifbar. Er ist im wahrsten Sinne des Wortes nicht angreifbar. Das fasziniert mich, ist einfach schön.

HG: Das kommt dann auch später bei der Verhaftung Jesu in der Passionsgeschichte des Evangelisten Johannes vor. Die gesamte Kompanie stürzt zu Boden, als Jesus sich ihnen zu erkennen gibt mit dem schlichten Satz: „Ich bin es." Eigenartig. Warum eigentlich? Angesichts des Heiligen scheiden sich offensichtlich die Geister. Wahrscheinlich geht es nicht nur mir so: In der Begegnung mit einer wirklich großen Persönlichkeit können einem oft die eigene Herzensenge und Kleinkariertheit ganz deutlich bewusst werden. Angesichts der Liebe fühlt man den Schmerz über die eigene Lieblosigkeit. Das wäre ohnehin schon eine Form der Läuterung, aber es kann die Erfahrung einer Differenz auch zum Gegenteil führen, wie wir im Text lesen.

ML: Seine Landsleute sehen in ihm einen überheblichen Menschen. Die Überheblichkeit ist aber eine Projektion. Weil sie ihm gegenüber überheblich sind, bezeichnen sie ihn projektiv als überheblich und können ihn nicht anerkennen. Es gibt natürlich auch heute eine spirituelle Überheblichkeit. Das kann viele Facetten haben. Menschen etwa, die sich nicht wirklich im Leben finden können, die vielleicht in der Mitte des Lebens verlassen worden sind und dadurch den Eindruck gewonnen haben, das Leben hätte „Nein" zu ihnen gesagt. Diese in ihren eigenen Augen „Verlierer" finden sich dann oft in esoterischen religiösen Lehren. In diesen spirituellen Nischen gewinnen sie den Eindruck, aufgrund höheren Wissens plötzlich jemand zu sein und über anderen zu stehen. Auf solche Art gelebte religiöse Praxis ist natürlich ein psychologisierender Missbrauch des Religiösen.

HG: Oder diese Menschen versteigen sich in eine vermeintliche Rechtgläubigkeit – um im Namen dieser überlegenen Position andere zurechtzuweisen und zu verurteilen. Eine eingebildete Orthodoxie kann sehr hart werden. Interessant ist, dass Jesus die negative Reaktion selbst provoziert, wenn er sagt: „Ich weiß schon, was ihr sagen wollt. Ihr werdet mir das Sprichwort vorhalten: Arzt, heile dich selbst, du hast es in Kafarnaum getan, warum nicht auch hier?" Und dann bringt er einige Beispiele, die den Finger genau in diese Wunde legen. Scheinbar konnte Gott bei den Ausländern, bei den Fremden und denen, die sich nichts auf ihre Rechtgläubigkeit einbilden, mehr bewirken. Deren Erwartungen waren vermutlich reiner und weniger aggressiv. Von dieser Seite hat er nie die Forderung gehört: „Wir sind ja dein Volk, also bitte, mach schon!" Ich habe großes Verständnis für die Vorgehensweise Jesu. Er hatte keine andere Chance, die eingebildeten Frommen aus der Reserve zu locken.

ML: Dazu eine kleine Geschichte: Ich habe einmal, schon selbst als Führungskraft, einen Chef gehabt, der aus persönlichen Gründen Vorbehalte mir gegenüber hatte. Sein Führungsstil war intrigant. Er hat immer wieder, auch vor anderen, bemerkt: „Ich habe von deinen Mitarbeitern dies und das gehört und ich sage dir, die stehen nicht hinter dir!" Auf die Nachfrage „Ja, und wer hat dies und das gesagt?" wollte er natürlich nichts sagen. Später habe ich begriffen, dass er das alles nur erfunden hatte. Damals beunruhigte mich jedoch seine Aussage.

Nach einer Zeit des Unbehagens mit seinem Vorgehen habe ich mir Folgendes einfallen lassen: Ich bin übergegangen, seine Idee detailliert auszuformulieren. Wenn er zum Beispiel gesagt hat: „Du hast keine Autorität und Loyalität in deinem Team!", habe ich ausformuliert: „Nein, weißt du, ich bin halt eine so schlechte Führungskraft. Ich bekomme ganz zu Recht von meinen Mitarbeitern keine Loyalität und kann in Wahrheit gar keine Autorität haben. Die anderen machen sowieso, was sie wollen, aber ich gebe halt trotzdem mein Bestes. Es wird allerdings nie ausreichen." Genauso habe ich mich dargestellt. Ich habe mich selber natürlich gar nicht so gesehen, auf keinen Fall!

Mein Plan ist wirklich aufgegangen. Mein damaliger Chef musste erkennen, dass er mich mit seiner Intervention nicht mehr steuern konnte, und hat seine Intrigen, allerdings nur auf diese Weise, sein lassen. Wenn man die geheime Motivation von Menschen mit einem Machtanspruch explizit oder implizit anspricht, lähmt man die Macht. Dafür hassen dich die Betroffenen, haben jedoch keine Handhabe gegen dich. Weisheit und Einsicht sind für Machtmenschen eine Provokation, für andere eine Wohltat.

HG: Jesus wird jedenfalls nicht mehr nach Nazareth kommen. Das „Gnadenjahr" und die Wunder werden sich außerhalb seiner Heimatstadt ereignen. Ohne eine ehrliche, nicht selten auch schmerzliche Selbsterkenntnis gibt es keine Öffnung des Himmels. Gott drängt sich nicht auf. Ich kann persönlich bestätigen, dass Menschen, die mit Kirche kaum etwas am Hut haben, in bestimmten Momenten für eine Berührung durch Gott offener sein können als jene, die schon lange im religiösen Habitus daherkommen. Scheinbar Ungläubige zeigen nicht selten eine Gottoffenheit, die mich als Kirchenprofi beschämt. Ich denke an einen transsexuellen Menschen, den ich kennenlernen durfte. Diese Person hat mich durch ihre Offenheit so beeindruckt, dass mir die Tränen gekommen sind. Das Leben kommt uns oft so verletzlich und zugleich zärtlich entgegen. Die Gefahr der falschen Routine im Umgang mit Menschen und mit dem Heiligen in ihnen besteht für uns alle.

4

Der typische Absolutheitsanspruch

Joh 8,47-59

Jesus sprach: Wer aus Gott ist, hört die Worte Gottes; ihr hört sie deshalb nicht, weil ihr nicht aus Gott seid. Da antworteten ihm die Juden: Sagen wir nicht mit Recht: Du bist ein Samariter und von einem Dämon besessen? Jesus erwiderte: Ich bin von keinem Dämon besessen, sondern ich ehre meinen Vater; ihr aber schmäht mich. Ich suche nicht meine Ehre; doch es gibt einen, der sie sucht und der richtet. Amen, amen, ich sage euch: Wenn jemand an meinem Wort festhält, wird er auf ewig den Tod nicht schauen. Da sagten die Juden zu ihm: Jetzt wissen wir, dass du von einem Dämon besessen bist. Abraham und die Propheten sind gestorben, du aber sagst: Wenn jemand an meinem Wort festhält, wird er auf ewig den Tod nicht erleiden. Bist du etwa größer als unser Vater Abraham? Er ist gestorben und die Propheten sind gestorben. Für wen gibst du dich aus?

HG: Manchmal stolpert man in eine Auseinandersetzung hinein. Das ist beim vorliegenden Text der Fall. Es ist der Ausschnitt aus einem langen Streitgespräch Jesu mit den Pharisäern und Schriftgelehrten, die seinen Absolutheitsanspruch infrage stellen. Für sie war klar: Entweder ist Jesus ein Verrückter, der die Tragweite seiner Ansprüche nicht einordnen kann, oder er ist ein gefährlicher Verführer der Massen. Eigentlich dämonisch. Es kann doch nicht sein, dass sich jemand hinstellt und behauptet, aus Gott zu sein – und darüber hinaus noch allen, die an seinem Wort festhalten, ewiges Leben verheißt. Das ist doch insgesamt eine maßlose und gefährliche Übertreibung! Jesus hat mehrfach seine Lehrautorität über jene des Gesetzes gestellt. Die von ihm gebrauchte Formel lautete: „Im Gesetz steht, ich aber sage euch." Das ist Lästerung pur! Wer darf denn so etwas behaupten?

ML: Wenn man Künstler näher kennenlernt, die man zuvor nur aus ihren Ausstellungen und Werken gekannt hat, kann es vorkommen, dass man von ihrer Persönlichkeit enttäuscht ist. Man hat ihre Kunst als „heilig" und als besonders berührend erlebt. Der Mensch dahinter jedoch kann dieser imaginierten Größe nicht entsprechen. Er muss sich mit all dem abmühen, mit dem man auch selbst zu tun und zu kämpfen hat. Gleichermaßen werde ich als Psychiater manchmal gefragt, wenn ich über die Phänomene des Scheiterns in meinem Leben erzähle: „Wie kann Ihnen das passieren, wo Sie in Bezug auf Lebensführung und Lebenskunst doch so kompetent sind? Wie kommt es, dass Sie Ihr eigenes Leben nicht bewältigen? Können wir Ihnen dann überhaupt noch glauben, was Sie sagen, oder schicken Sie uns quasi in den Krieg?"

HG: Eine wichtige Selbstrelativierung! Als ich entdeckt habe, dass ein ehemaliger guter Bekannter von mir schwer alkoholkrank in einem Haus der Caritas in Graz wohnt, war ich sehr betroffen. Ich wusste, dass ich in einer ähnlich schwierigen Situation sein könnte, wenn ich nicht Ressourcen und Wegbegleiter gehabt hätte, die mir einen anderen Weg ermöglicht haben. Diese heilsame Erkenntnis der eigenen Schwäche und Verwundbarkeit hat mir sehr geholfen. Das tatsächlich „Verwundete" in uns beziehungsweise das Wissen um unsere Verwundbarkeit verbindet uns mit jenen, für die wir in der Seelsorge da sind. Wir wissen, dass auch wir in den entscheidenden Momenten jemanden brauchen, der uns beisteht oder ein befreiendes Wort zusagt.

ML: Die eigene Verletzung bringt uns auf Augenhöhe, um die heilsame Begegnung zum Mitmenschen erst möglich zu machen. Wenn ich in therapeutischen Situationen von Patienten eine mir geltende Bewunderung merke, flechte ich nicht selten wie zufällig eine Geschichte aus meinem Leben ein, in der ich versagt habe. Damit ist meist die Augenhöhe wiederhergestellt und die therapeutische Begegnung erneut möglich. Und was die Künstler anbelangt, bin ich zu folgendem Verständnis gekommen: Es gibt einfach Menschen, die mehr aus sich herausholen, als in ihnen drinnen ist. Sie haben die Fähigkeit, für etwas durchlässig zu werden, was größer und weiter ist als sie selbst. Das repräsentiert ihr Künstlersein. Und das Gleiche gilt wohl auch für andere Berufsgruppen und menschliche Situationen. Gleichermaßen erklärt Jesus, dass nicht er selbst hier spricht, sondern dass er durchlässig für das ist, was ihm sein Vater aufgetragen hat.

HG: Jesus trägt eine geheimnisvolle Polarität in sich. Auf der einen Seite zeigt er eine Menschlichkeit, die es in dieser Intensität kein zweites Mal gibt – höchste Aufmerksamkeit und Empathie, Nähe und Berührbarkeit, Verwundbarkeit und Feindesliebe. Auf der anderen Seite absolute Souveränität, Größe und Weite, Widerstandskraft für eine neue Gerechtigkeit und einen Anspruch auf göttliche Autorität. Erst später hat man diese Polarität auf die theologische Formel gebracht: Ganz Mensch und ganz Gott. Natürlich ist auch das nur ein verlegener Hilfsausdruck für das höchst Lebendige, das in der Person des Jesus von Nazareth zum Vorschein kam. Jesus verkörpert einen Anspruch, der zum Anruf wird. Man kann mit dem eigenen Leben darauf antworten oder sich verweigern – wie es in diesem aufgeregten Streitfall geschildert wird.

ML: Der Mensch Jesus ist für jene, die ihn als Gott sehen, ein Problem. Für andere wiederum, die ihn als besonderen Menschen der Menschheitsgeschichte sehen, ist das Göttliche in ihm eine Provokation. Wir tun uns leider in unserer abendländischen Tradition so schwer, etwas dialektisch zu betrachten. Wir wollen alles auf den Punkt bringen. Die Aussage „ganz Mensch und ganz Gott", die für Jesus gilt, impliziert auch, dass er ganz Mensch ist. Das besonders Zauberhafte an der Person Jesu ist für mich, dass er uns so unfassbar nahegekommen ist. Jesus „menschelt" im Vollsinn des Wortes: Das ist in Wahrheit die unterschätzte Frohe Botschaft! In vielen Bibelstellen klingt die menschliche Begrenztheit Jesu durch: in der Notwendigkeit, dass er selbst Neues lernen musste; in seiner Bereitschaft, sich aus dem Konzept bringen zu lassen; in den Momenten, in denen er Zorn, Wut und extreme Freude gezeigt hat; und nicht zuletzt in seinen Tränen. Die menschliche Begrenztheit ist im affektiv bewegten Jesus deutlich zu sehen. Diese Begrenztheit ist nicht enttäuschend, sondern ganz im Gegenteil ermutigend. Für einige bestimmt auch unbequem.

HG: Was auch in die vier Evangelien aufgenommen und nicht retuschiert wurde. Sehr wohl im Gegensatz zu den apokryphen Evangelien, die ein durch und durch glattes, fast kitschiges Bild von Jesus zeichnen. So soll zum Beispiel gemäß dem Thomasevangelium Jesus als Fünfjähriger am Sabbat zwölf Spatzen aus Lehm geformt und sie zum Leben erweckt haben. Übrigens findet sich diese Passage auch im Koran in der fünften Sure. Offensichtlich war dem Verfasser das apokryphe Kindheitsevangelium des Thomas bekannt. All diese frommen Übertreibungen, die das Einfache, aber auch Schroffe und Unbequeme in der Gestalt Jesu nicht wahrhaben wollen, waren ausschlaggebend, diese Schriften nicht in die Sammlung des Neuen Testaments aufzunehmen. Man konnte in ihnen nicht das inspirierte Wort Gottes erkennen.

ML: Gerade das Menschliche ist also, wenn ich das richtig verstehe, ein Zeichen der Offenbarung. Das macht eben das Besondere der christlichen Religion aus. Dieses unfassbare, unretuschierte, uneingeschränkte Nähe-Angebot Gottes an uns. Das wird in diesem Text deutlich. Die zutiefst menschliche Figur Jesus hat deswegen keinen überheblichen Absolutheitsanspruch. Er kann den Absolutheitsanspruch ohne Überheblichkeit anmelden, weil er nicht versucht, sich zu einem Übermenschen zu stilisieren. Er ist Gott, aber kein Übermensch.

HG: Auch nicht Halbgott, sondern wie in der schon erwähnten christologischen Formel ausgedrückt, beides zu hundert Prozent – ganz Mensch, ganz Gott. Eine paradox anmutende doppelte Ganzheit. Das ist das Urdogma der christlichen Religion, ihr eigenartiger Absolutheitsanspruch, wenn man so will. Für mich war das immer schon faszinierend, weil in der Person Jesu eine innere Brechung der unterschiedlichsten Erwartungen, Vorstellungen und Projektionen zum Vorschein kommt. Durch das Zeugnis eines sehr leidenschaftlichen und weltoffenen Priesters konnte ich schon als junger Mensch die Person Jesu in einer 3D-Plastizität kennenlernen. Gerade das Nicht-Glatte und Nicht-Konforme hat mich an der Person Jesu fasziniert. Jesus entzieht sich jedenfalls den vielen menschlichen Zuschreibungen. Er ist nicht der Superheld und nicht der Messias im politischen Sinn, der scheinbar alles regeln und lösen kann. Im Ölberg von Getsemani weint er aus purer Angst. „Für wen gibst du dich aus?" Ganz genervt fragen die Kritiker ihren Landsmann, den Rabbi aus Galiläa, nach seiner Identität. Bequemer wäre es für sie und für uns gewesen, wenn sich Jesus als ein religiös begabter Lehrer neben vielen anderen ausgegeben hätte. Aber sein Anspruch weist auf das Ganze. Seine Selbstaussage provoziert eine Entscheidung – für ihn oder gegen ihn. Er ist einzigartig und formuliert selbstbewusst diese Einzigartigkeit. Das ist das Spannende.

ML: Es ist eine Absolutheit, die sich als totale Radikalität begreift, aber nicht als Absolutheit, die sich wünscht, andere Wirklichkeiten zu bekriegen.

HG: Für diesen Satz sollte man dir den theologischen Nobelpreis verleihen. Offen bleibt, ob und inwiefern Religion immer einen Absolutheitsanspruch in sich tragen muss – auch wenn es nicht um einen kindischen Wettbewerb gehen darf, wessen Religion besser, richtiger oder erfolgreicher ist. Gemäß einem aufgeklärten Religionsverständnis wäre es natürlich angenehmer, wenn sich religiöse Überzeugungen selbst relativieren und harmonisch in ein breites spirituelles Marktangebot einfügen würden. Lessings „Nathan der Weise" wird dafür meist als das grundlegende Toleranzdokument der Aufklärung genannt. Auch diesbezüglich ist Jesus widerständiger und unbequemer, als wir meist annehmen. Er ist unverschämt selbstbewusst und demütig zugleich.

5

Maßlose Überforderung

Euch aber, die ihr zuhört, sage ich: Liebt eure Feinde; tut denen Gutes, die euch hassen! Segnet die, die euch verfluchen; betet für die, die euch beschimpfen! Dem, der dich auf die eine Wange schlägt, halt auch die andere hin und dem, der dir den Mantel wegnimmt, lass auch das Hemd! Gib jedem, der dich bittet; und wenn dir jemand das Deine wegnimmt, verlang es nicht zurück! Und wie ihr wollt, dass euch die Menschen tun sollen, das tut auch ihr ihnen! Wenn ihr die liebt, die euch lieben, welchen Dank erwartet ihr dafür? Denn auch die Sünder lieben die, von denen sie geliebt werden. Und wenn ihr denen Gutes tut, die euch Gutes tun, welchen Dank erwartet ihr dafür? Das tun auch die Sünder. Und wenn ihr denen Geld leiht, von denen ihr es zurückzubekommen hofft, welchen Dank erwartet ihr dafür? Auch die Sünder leihen Sündern, um das Gleiche zurückzubekommen. Doch ihr sollt eure Feinde lieben und Gutes tun und leihen, wo ihr nichts zurück erhoffen könnt. Dann wird euer Lohn groß sein und ihr werdet Söhne des Höchsten sein; denn auch er ist gütig gegen die Undankbaren und Bösen. Seid barmherzig, wie auch euer Vater barmherzig ist!

HG: Ich weiß nicht, wie viele Tonnen von Büchern und Abhandlungen schon über die Bergpredigt geschrieben worden sind, aber es bleibt eine ganz ursprüngliche Faszination. Die Initialpredigt Jesu am Ufer des Sees von Galiläa trägt einen heilsamen Unruhekeim in sich, der sich jeder Erledigung widersetzt. Zu gegenläufig, zu radikal, zu gottvoll ist diese Rede. Man könnte durchaus sagen, dass Jesus sein eigenes Lebensprogramm in dieser Rede verdichtet hat. Das Anstößige an der Rede deckt sich mit der Anstößigkeit, die Jesus selbst verkörpert. Er passt nicht in die Schemata unserer Welt. Und dies zuerst wohl deswegen, weil er eine einzigartige Beziehung zu Gott, seinem Vater, hat. Aus dieser Beziehung nimmt er Kriterien für seine Rede.

Die Bergpredigt ist weder ein ethisch-politisches Programm, das auf Teufel komm raus von den Eiferern umgesetzt werden soll, noch eine harmlose und naive Sicht der Welt, über die man lächeln kann. In der Bergpredigt wird jene Welt beschrieben, die sich radikal vom Glauben an Gott getragen weiß. Weil Jesus in einer symbiotischen Einheit mit Gott lebt, überschreitet und überbietet seine maßlose Barmherzigkeit die besten Konzepte für ein gedeihliches Miteinander-Auskommen. Wir befassen uns im vorliegenden Text mit der unmittelbar auf die Seligpreisungen folgende Auslegung, wie sie vom Evangelisten Lukas überliefert worden ist. Die radikalen Handlungsanweisungen münden in der maßlosen Überforderung: Seid barmherzig, wie auch euer Vater barmherzig ist! Das überfordert doch auch den vorbildlichsten Gutmenschen, nicht wahr?

ML: Es widerspricht einem Reflex, den wir alle in uns haben: Wir wollen den Schuldausgleich. Wenn es keinen Ausgleich von Schuld gibt, dann ist die Welt ungerecht. Davon sind wir überzeugt. Wenn wir davon betroffen sind, fühlen wir uns benachteiligt und zurückgesetzt. Wie viele Menschen haben das Gefühl der Benachteiligung derart internalisiert, dass sie als Ganzes davon erfasst wurden? Wohin der Drang nach Schuldausgleich führt, kann man bei Scheidungen erleben: zu zwei Verlierern. Damit soll aber nicht gesagt werden, dass die gegenseitige Ent-Schuldigung etwas Schlechtes wäre, oder etwa, dass es Schuld nicht gäbe. Als Prinzip ist sie trotzdem sinnvoll und steht an der Wiege der Religionen.

Die Anerkennung von göttlichen Wesen führte in der Menschheitsgeschichte auch zum Opfergedanken. Mittels Opfern wollten die Menschen eine Schuld ihrerseits ausgleichen oder die göttliche Macht in die Pflicht nehmen: „Ich habe dir schon einen Ochsen gespendet, jetzt bist du mir Regen schuldig." Hier greift Jesus ein. Er stellt klar, dass dieser Gedanke zu kurz greift. Gott ist die Liebe, und in der Liebe ist schon alles erfüllt, alles ausgeglichen. Es gibt zwar noch einen Rest der alten Philosophie: die Idee der Reue. Aber das hat eher mit einem selbst zu tun. Wenn man bereut, kommt man mit sich selbst klar. Es gibt einen eigenen Begriff für den Schuldausgleich im Lichte der Liebe: Barmherzigkeit. Barmherzigkeit ist eine ungeheure Forderung, weil sie unseren wahrscheinlich evolutionär angelegten Reflexen widerspricht. Eine unvernünftige Forderung, die allerdings einer höheren Vernunft entspricht: der Vernunft der Liebe.

HG: Vielleicht ist die Überforderung auch Programm. Die Bergpredigt lässt sich jedenfalls nicht als Theorie des Zusammenlebens erfassen. Sie wird erst „verständlich", wenn sich jemand auf dieses Neue, vollkommen Quere der Person und Lebenspraxis Jesu einzulassen beginnt. Es wird immer nur in einer persönlichen Annäherung gelingen. Ich möchte als Beispiel Etty Hillesum nennen, eine Jüdin, die in ganz spezifischer Weise etwas vom hohen Anspruch Jesu gelebt hat. Wir haben den Auftrag, „dieser Welt, die so voller Dissonanzen ist, nicht den kleinsten Missklang hinzuzufügen", schreibt sie am 29. Mai 1942 in ihr Tagebuch. Die niederländische Lehrerin wurde durch ihre posthum veröffentlichten Tagebücher bekannt. Sie lebte in Amsterdam und arbeitete während der Naziherrschaft kurzfristig auch im sogenannten Judenrat. Am 30. November 1943 wurde sie im Vernichtungslager Auschwitz-Birkenau ermordet. Ihr tiefsinniges Fragen nach Gott und ihre beständige Mühe, in einer Zeit der offenkundigen Aggression gegenüber Juden und anderen Minderheiten nicht in die Haltung einer Gegenaggression und Rache zu verfallen, ist extrem beeindruckend. Etty wollte „ein Pflaster auf vielen Wunden sein" (Eintragung vom 13. Oktober 1942) und stellt die vielleicht schönste Frage zur Berechtigung unseres Daseins auf dieser Erde: „Früchte tragen, und Blumen, auf jedem Flecken Erde, wo man gepflanzt wurde – wäre das nicht der Sinn? Und sollen wir nicht mithelfen, diesen Sinn zu verwirklichen?"

ML: Dieser überfordernde Gegenentwurf zu dem, wie wir gewöhnlich ticken, findet sich auch in einer anderen religiösen Tradition wieder, im Taoismus. Wu Wei meint: „Handeln ist Nicht-Handeln." Man sollte gemäß dieser Lehre darauf verzichten, gegen die Natur zu handeln. Der Begriff meint in etwa das, was ich als rezeptive Aktivität bezeichne: ein Kommunikationsstil, der nicht aus der eigenen Inszenierung, sondern energetisch aus der Wahrnehmung des anderen entsteht. Gewaltlose Kommunikation oder erfüllende sexuelle Begegnung beruhen auf dieser Kompetenz. Man findet also schon im Taoismus, Jahrhunderte vor Jesus, eine gedankliche Wegbereitung dieses gewaltigen Gegenentwurfs zu dem, was wir gemeinhin als richtig empfinden.

HG: Wir kommen nicht darum herum: Die von Jesus propagierte Feindesliebe ist ein harter Brocken. Ein wesentlicher Schlüssel zum „Verstehen" ist das neue Verhältnis zu Gott, das uns durch Jesus geschenkt wurde. Gott ist der Vater, der maßlos – ich möchte sagen „verrückt" – gütig ist, auch gegenüber den Undankbaren und Bösen. Wenn wir das Leben beobachten, bestätigt sich das. Es gibt kein unmittelbares Eingreifen Gottes – kein Belohnen oder Bestrafen menschlichen Verhaltens, wie auch immer ethisch hochstehend oder verwerflich es ist.

Gott schenkt allen alles. Gott geht verschwenderisch gut mit denen um, die es in den Augen durchschnittlich bürgerlicher Moralvorstellungen sicher nicht verdient haben. Feindesliebe bedeutet im Grunde ein Nachahmen dieser Verrücktheit Gottes. Diese geht um die in allen Religionen geläufige Goldene Regel weit hinaus. Jesus propagiert Gottes verrückte Barmherzigkeit als Maßstab für unser Leben! Jesus möchte uns, die „Hörenden", dazu bewegen, die Art des Handelns seines und unseres himmlischen Vaters nachzuahmen. An der neuen alternativen Art, wie wir uns verhalten, sollen die Menschen erkennen, dass wir Töchter und Söhne seines Vaters sind.

ML: Sind der Appell „Tut denen Gutes, die euch hassen!" und die Anweisung „Betet für die, die euch beschimpfen!" wirklich so provokant? Und ist die Forderung, dass wir dem, „der uns den Mantel wegnimmt", auch noch das Hemd zu überlassen, wirklich so radikal? Schnell fragt man: „Wer lebt denn so, wer kann dem im Alltag entsprechen?" Ich meine, mehr Menschen, als wir glauben. Eltern leben so, speziell dann, wenn sie mit Pubertierenden zu tun haben. Wahrhaft Liebende leben so. Freundschaft funktioniert so. Da wird im Idealfall nichts aufgerechnet, Verletzungen werden angenommen, aber nicht nachgetragen. Vergebung geschieht, über den eigenen Schatten hinweg. Sobald die Innigkeit passt, handeln wir automatisch nicht nach unseren Gerechtigkeitsprinzipien, sondern im Sinne der göttlichen Irrationalität.

HG: Ich möchte speziell noch zwei Textzeilen hervorheben, die zu vielen Interpretationen inspirieren. Es geht um das sprichwörtlich gewordene Hinhalten der anderen Wange. Vielleicht ist die von Jesus geforderte, radikal andere Reaktion auch ein Konfrontieren des Schlägers mit dem, was er schon getan hat: Schau, hier ist auch noch diese Wange! Sieh her, du schlägst einen Menschen! Der Evangelist Markus unterstreicht dies mit der bewussten Nennung der rechten Wange: „Wenn dich einer auf die rechte Wange schlägt, halte auch die linke hin." Auf die rechte Wange schlage ich als Rechtshänder mit dem Handrücken. Es ist dies nicht nur eine physische Gewaltanwendung, sondern eine herbe Geste der Herablassung. Der Täter muss den Geschlagenen gar nicht anschauen, er „behandelt" ihn wie einen Sklaven. Und für das Beispiel von Mantel und Hemd ist der Hintergrund die Gerichtsverhandlung. Wenn der Täter dem Opfer auch noch das Hemd wegnimmt, steht dieses nackt da. Allen Anwesenden würde damit unmissverständlich klar werden, dass der Täter tatsächlich ein Unrecht begangen hat. Jesus stellt also auf seine friedvolle und doch so radikale Weise die typischen Reaktionsmuster von Täter und Opfer infrage.

ML: Ein wichtiger Hinweis. Wie sehr leiden wir doch darunter, wenn wir mit unserem erlittenen Leid und mit unseren Empfindungen von Freude gegenseitig nicht „ansichtig", also sichtbar, geworden sind. Jesus ermutigt uns, füreinander aus Liebe und Mitgefühl transparent zu werden. Wir sollten uns darin nicht beirren lassen.

6

Verherrlichung des Leidens

Mk 8,34-38

Jesus rief die Volksmenge und seine Jünger zu sich und sagte: Wenn einer hinter mir hergehen will, verleugne er sich selbst, nehme sein Kreuz auf sich und folge mir nach. Denn wer sein Leben retten will, wird es verlieren; wer aber sein Leben um meinetwillen und um des Evangeliums willen verliert, wird es retten. Was nützt es einem Menschen, wenn er die ganze Welt gewinnt, dabei aber sein Leben einbüßt? Um welchen Preis könnte ein Mensch sein Leben zurückkaufen? Denn wer sich vor dieser treulosen und sündigen Generation meiner und meiner Worte schämt, dessen wird sich auch der Menschensohn schämen, wenn er mit den heiligen Engeln in der Herrlichkeit seines Vaters kommt.

HG: Jesus ruft erwachsene Menschen „zu sich" und mutet ihnen ein neues, radikales Lebensprogramm zu, das so gar nicht den Vorstellungen unserer Welt entspricht. Es ist ein Weg zum Heil, auf dem es notwendig ist, Lebenswünsche zurückzustellen. Dass es dabei nicht um eine Verachtung des Menschen und sicher auch nicht um eine Missachtung von Selbstliebe geht, gerät leicht aus dem Blick. Der klassische Vorwurf lautet doch, dass in der typisch katholischen Spiritualität das Leiden verherrlicht würde. Dieser Grundverdacht hat einiges für sich.

Ich erinnere mich an den Besuch von Liz, einer amerikanischen Künstlerin mit asiatischen Wurzeln. Ich habe ihr unsere Barockkirche und ein kleines dazugehöriges Kirchenmuseum gezeigt. Es waren mehrere barocke Kreuze mit den darunter befindlichen weinenden Figuren Maria und Johannes zu sehen, weiters ein durch die Geißelung blutender Schmerzensmann, ein Rochus, der seine klaffende Oberschenkelwunde dem Betrachter entgegenstreckt, und Ähnliches mehr. Liz reagierte spontan auf die Exponate: „Oh, so much pain!" Durch ihre Reaktion ist es mir selbst wieder bewusst geworden, wie ostentativ hier Leid zur Schau gestellt wird – was auch immer die dahinterliegende Theologie sein mag. Ja, tatsächlich, versteckt wird der Schmerz hier nicht, ganz im Gegenteil, eine fast penetrante Zur-Schau-Stellung. Eine Verherrlichung?

ML: Dieser Vorwurf wird der katholischen Kirche nicht ganz zu Unrecht immer wieder gemacht. Die Verherrlichung des Leidens diene dazu, so die Kritiker, religiöse Unterdrückung und Abhängigkeit scheinbar im Dienste eines höheren Wertes zu legitimieren. Aus der Abhängigkeit und der Unterdrückung kann dann wieder ein machtpolitischer, letztlich ökonomischer Vorteil gezogen werden. Aus psychologischer Sicht verhält es sich mit dem Leiden folgendermaßen: Wir wollen und müssen uns selbst ständig rekonstruieren und wir sind in der animalischen Struktur unserer selbst auf Überleben getrimmt. Das bedeutet im täglichen Leben, dass alles, was wir wahrnehmen, nach der Kategorie eingeteilt wird: Dient es dem Konzept, das wir von uns selbst haben, oder stellt es sich gegen das Konzept? Wenn sich etwas gegen unser Konzept stellt, versuchen wir, die Umgebung dazu zu bewegen, sich zu verändern und so unsere Wahrnehmung zu verändern. Leiden beginnt, wenn uns das nicht möglich scheint oder tatsächlich nicht möglich ist. Dann ist der Moment gekommen, in dem wir zur Veränderung fähig sein müssen. Man könnte es auch so ausdrücken: Wenn wir unsere Probleme nicht lösen können, müssen wir uns von den Problemen erlösen. Insofern ist Leiden eine unabdingbare Voraussetzung für den Prozess der inneren Erlösung. Es gibt keine Erlösung ohne Leiden. Jedoch ist Leiden ohne Erlösung sinnlos, Leiden ist kein Selbstzweck.

HG: Du verstehst also Leiden als Folge des Umstandes, dass das Kleid, das wir uns als Vorstellung von uns selbst angepasst haben, zu eng geworden ist. Die Erlösung durch Christus ist in diesem Zusammenhang als existenzielle Erlösung zu verstehen, die er in liebevoller Verbundenheit mit uns und für uns vollzogen hat. Die Aufforderung Jesu lautet: Sich selbst und die eigenen Lebensentwürfe zurückstellen. Hinter ihm hergehen! In seine Spur einsteigen. Wer es ernst meint und seinem Lebensbeispiel folgen möchte, soll „den Querbalken seines Kreuzes aufheben" und schleppen. Selbstverständlich muss dieses Bild ergänzt werden mit der Aussage Jesu, dass wir nicht mehr Knechte sind, die nicht wissen, was der Herr vorhat, sondern: „Ihr seid meine Freunde." (Joh 15,14) Das Hinterhergehen ist also nicht der Verlust von Freiheit, sondern Ausdruck von Freiheit. Nur wer innerlich frei ist, kann sein Leben „um Jesu willen und um des Evangeliums willen" verlieren wollen. Diese Aufforderung Jesu läuft trotzdem quer zu allen üblichen Glücksversprechungen und Anleitungen zu einem „gelingenden Leben". Er scheint vom Gegenteil zu sprechen.

Im Gespräch mit der amerikanischen Künstlerin habe ich festgestellt, dass es wahrscheinlich noch nie in der westlichen Alltagskultur eine so systematische Verdrängung von Leid und Tod gab wie heute. Alles, was auf die Vergänglichkeit unseres Lebens, auf Altern und Sterben hinweist, muss wegretuschiert werden. Wir leben unter dem Erfolgsdiktat ewiger Jugend. Und noch dazu unter dem Optimierungsstress, dem alle Lebensbereiche unterworfen werden. Alles soll schneller, effektiver und ertragreicher laufen. Der Kontrast zum Hyperrealismus der Schmerzensdarstellungen im Kirchenmuseum ist evident. Es gereicht wirklich zum Vorteil, dass in der spätmittelalterlichen und barocken Schmerzensmystik zumindest nichts geschönt wird. Es gab dafür ja auch genügend Anschauungsmaterial – Hunger und soziale Verelendung großer Bevölkerungsschichten, permanente kriegerische Auseinandersetzungen sowie die Pest und andere Epidemien, die ganze Dörfer und Städte hinweggerafft haben. Und in all diesen realen Schreckensbildern fand man den leidenden, das Kreuz tragenden Herrn. Seine Anwesenheit als „der Heiland im Elend" hat zumindest den Trost vermittelt, dass Gott sich nicht von der schrecklichen Welt verabschiedet hat.

ML: Auch im Alltäglichen gibt es viele Leidenserfahrungen. Wenn ein Mensch in einer vermeintlich guten Beziehung lebt, etwa in einer Ehe, und dann unvermittelt verlassen wird, entsteht Leiden. Dieses Leiden im Sinne tiefer Trauer stellt sich ein, weil sich ein Mensch sein Leben ohne den anderen nicht vorstellen kann. Der Trauerprozess führt nach einer gewissen Zeit zu einer Weggabelung. Bei dieser angekommen, kann man sich selbstkritisch fragen, ob man wirklich nicht ohne den anderen leben kann oder ob es vielleicht doch möglich wäre. Wenn man Mut zum Hinterfragen der eigenen Konzepte und Schemata hat, dann kommt man zu einer neuen Wirklichkeit.

Ein derartiger Mut wächst natürlich langsam heran. Eine neue, befreiende Wirklichkeit tut sich jedoch dann auf, sodass das Leid überwunden werden kann. Man versteht, dass man nicht unbedingt immer der Gefangene der eigenen Vorstellungen, des scheinbar für sich selbst Notwendigen sein muss. Das ist Freiheit. Die Alternative ist, dass man die Verleugnung seiner selbst vermeidet und deshalb in eine eigenartige Verbitterung gerät. Eine solche Verbitterung führt dazu, dass nichts mehr bewältigbar ist und dass das Leiden chronisch wird. In dieser Weise ist Leiden tatsächlich etwas Sinnloses. Leiden ergibt also nur dann einen Sinn, wenn am Ende die Freiheit steht. Es geht somit immer um Leiden und Auferstehung, also um Erlösung.

HG: Deutlich habe ich die verkrampften und Unheil generierenden Versuche unzähliger Menschen vor Augen, die mit allen Mitteln ihr Leben gewinnen wollen. Auf Teufel komm raus muss das Leben in all seinen Bereichen optimiert und ausgereizt werden. Ungestillte Sehnsucht treibt in die Maßlosigkeit. Wer nur sich selbst sucht, verliert sich. Eine irdisch nicht zu stillende Gier nach immer mehr treibt in die Ausbeutung aller vorhandenen Ressourcen – letztlich auch in die Ausbeutung menschlicher Beziehungen und des eigenen Selbst. Die Seele des Menschen, seine innere Balance und Ausgeglichenheit sind längst auf der Strecke geblieben. Was bleibt, ist eine gähnende innere Leere. Wer das Glück sucht und es auf scheinbar direktem Weg anstrebt, verliert es. Deutlich ist der deutsche Ausdruck: Wer sich das Leben nehmen will, gibt sich den Tod. „Erfolgreiche" Wracks können den Ertrag ihrer Mühe meist auch nicht mehr genießen.

Die Frage Jesu ist also aktueller denn je: Was nützt es einem Menschen, wenn er die ganze Welt gewinnt? Einige sind ja tatsächlich auch erfolgreich. Ihre Geschichten werden erzählt und strategisch ausgewertet, um Wege zum Erfolg nachzuzeichnen. Es macht den Eindruck, dass sie die ganze Welt gewonnen haben – aber um welchen Preis? Der Mensch kann sein Leben nicht zurückkaufen. Wenn wir um Jesu willen, das heißt um der göttlichen Liebe willen, die in ihm eine menschliche Gestalt angenommen hat, das Leben verlieren, werden wir es gewinnen. Sonst nicht. Wer Jesus hinterhergeht, braucht sich nicht vom Erfolg treiben lassen. Auch wenn dieser Weg mit Kreuz und Leiden verknüpft ist, führt er doch zum Leben.

7

Quälende Vergleiche

Mt 18,1-6

Die Jünger kamen zu Jesus und fragten: Wer ist denn im Himmelreich der Größte? Da rief er ein Kind herbei, stellte es in ihre Mitte und sagte: Wenn ihr nicht umkehrt und werdet wie die Kinder, werdet ihr nicht in das Himmelreich hineinkommen. Wer sich so klein macht wie dieses Kind, der ist im Himmelreich der Größte. Und wer ein solches Kind in meinem Namen aufnimmt, der nimmt mich auf. Wer einem von diesen Kleinen, die an mich glauben, Ärgernis gibt, für den wäre es besser, wenn ihm ein Mühlstein um den Hals gehängt und er in der Tiefe des Meeres versenkt würde.

HG: Jesus auf dem Weg nach Jerusalem. In dieser Stadt, die mit uralten Verheißungen und Erwartungen aufgeladen ist, wird sich die wahre Identität Jesu zeigen. Auf dem Weg dorthin platzen die Jünger mit einer beschämenden Frage heraus: „Wer ist denn im Himmelreich der Größte?" Ein schmerzhafter Kontrast tut sich auf, denn Jesus ist unterwegs zum Ort seines Leidens und Sterbens. Er weiß, was ihn erwartet. Die Jünger aber sind Gefangene einer vollkommen anderen Logik. „Wer ist der Größte?", fragen sie. Diese Frage ist kindisch und höchst gefährlich zugleich. In ihrer Konsequenz nach immer mehr Ansehen, Einfluss und Macht ist sie Ursache von unendlich großem Leid und macht unzählige Menschen zu Unterlegenen und Ausgebeuteten. Die bedrängende Logik des Vergleichens ist uns wohl allen vertraut. Zumindest kenne ich sie von mir selbst. Einige Zeit hindurch habe ich mich mit einem Priesterkollegen verglichen. Wir waren an sich befreundet, aber innerlich doch in einer gewissen Rivalität. Als dieser Kollege sein Priesteramt aus einem persönlichen Grund niedergelegt hat, ist mir der Unsinn des Vergleichens bewusst geworden – ziemlich beschämend.

ML: Das Vergleichen ist uns in die Wiege gelegt. Die Hirnforschung hat gezeigt, dass das Gehirn mittels Vergleichen arbeitet. Das ist verständlich, weil die animalische Struktur unseres Selbst auf Überleben getrimmt ist. Evolutionsbiologisch gesehen ist daher das Vergleichen verständlich und mutet sogar sinnvoll an, da der Beste vielleicht die größte Wahrscheinlichkeit zu überleben aufweist. Tatsächlich fügen wir uns selbst – und wie gesagt auch anderen – durch unsere komparative Natur unermessliches Leid zu. Wir vergleichen uns auch dann, wenn es keinen Sinn ergibt. Das Vergleichen hat sich in uns automatisiert. Die Automatisation des Vergleichens ist nicht nur unchristlich, sie ist unvernünftig, vielleicht sogar blöd. Vergleichen ist der goldene Weg zum sinnlosen Leiden. Die Reife eines Menschen bemisst sich nicht zuletzt darin, ob und wie er sich von diesem Automatismus lösen kann.

HG: Jesus stellt ein Kind in die Mitte. Das Kind ist das verständliche Gegenbild zum Wahn der permanenten Überbietung. Ein Kind freut sich einfach am Leben – auch wenn es den Zwang zum rivalisierenden Vergleichen längst schon in sich trägt. Jesus proklamiert ein radikales

Kleinsein. Er selbst hat diesen unbequemen und ernüchternden Weg vorgezeichnet. Er „erniedrigte" sich und wurde zu einem Sklaven von allen. Diese Aussagen finden sich in einem Lied im neutestamentlichen Brief an die Philipper. Im Englischen gibt es dafür das starke Bild: „He emptied himself." Jesus hat sich als Person ganz leer gemacht. Gleichzeitig sagt man auf Englisch über einen eingebildeten Menschen: „He is full of himself." Mit sich selbst gefüllt. Jesus hat uns jedenfalls eine Karriere nach unten vorgelebt. Genau zu diesem, in rein weltlichen Kategorien unverständlichen und verrückten Weg hat er uns befreit. Es ist Ausdruck ganz großer innerer Freiheit, nicht groß sein zu müssen. Jesus nimmt uns in seine radikale Schule der Freiheit.

ML: Mahatma Gandhi, ein großer Jesus-Fan, hat von dieser Schule profitiert. Er machte die Engländer verrückt, indem er die Zeit seiner Inhaftierung nützte, um ein spirituelles Retreat, also Exerzitien, zu machen. Mit dem Gefängnis haben sie ihm dazu die Möglichkeit verschafft, denn in seinem Alltag hätte er dafür nach eigener Aussage nicht die Zeit gefunden. Mir fällt dazu noch eine Geschichte aus dem Zen-Buddhismus ein: Ein Feldherr wird mit seinem Streitwagen durch einen am Straßenrand meditierenden Mönch behindert. Er müsste ausweichen, was mit seinem Stolz nicht vereinbar ist. So herrscht er den Mönch an: „Du weißt nicht, wen du vor dir hast. Hier ist ein Mensch, der jederzeit bereit ist, einen anderen zu töten." Da antwortet der Mönch: „Und du weißt nicht, wen du vor dir hast. Hier ist ein Mensch, der jederzeit bereit ist zu sterben." Die inverse Karriere macht uns frei. Diese Freiheit müssen wir uns unbedingt erhalten, das ist eine Frage der Würde.

HG: Über die überraschende Beantwortung der Frage nach dem Größten im Himmelreich hinaus gibt Jesus noch eine Zusage: Ein Kind aufnehmen bedeute, ihn selbst aufnehmen. Kinder hatten in der Antike keinerlei rechtlichen Schutz. Sie waren die Schwächsten in der Gesellschaft, den Erwachsenen „ausgeliefert", sie konnten missbraucht und getötet werden. Um ein Kind aufzunehmen, braucht es eine bewusste Entscheidung. Jesus identifiziert sich somit auch in diesem Fall mit Menschen, die am meisten verletzbar und ausgesetzt sind. Zugunsten des Kindes hat sich hierzulande viel verändert – auch wenn die Einmahnung von Rechten für Kinder weltweit immer noch zu den dringlichsten humanitären Aufgaben gehört. Im rhetorischen Lauf seiner Rede fügt Jesus gleich noch eine unmissverständliche Drohung an die Adresse jener hinzu, die diesen „Geringen" Ärgernis geben – wörtlich: sie „skandalisieren". Darin ist jede Form des Missbrauchs eingeschlossen, jedes Vergehen an Leib und Seele von Kindern und anderen Personen, die sich selbst nicht verteidigen können. Ein extrem ernstes Wort Jesu mit dramatischer Aktualität.

ML: Genau die noch lose Identität insbesondere von jungen Menschen führt zur hohen Verantwortung, die wir füreinander haben. Der Machtmissbrauch in abhängigen Beziehungen durch Menschen, die Macht haben, ist auch im kirchlichen Bereich passiert, wie wir wissen. Das ist unter anderem deshalb so besonders krass, weil in diesem Fall der Anspruch und die Realität besonders deutlich auseinanderklaffen. In solchen missbräuchlichen Situationen werden eigene Schwächen und Orientierungslosigkeiten auf Kosten der Existenz anderer kompensiert.

Sich auf diese Weise der Existenz anderer zu bemächtigen, um sich selbst aufzubauen und groß zu machen, ist jene Schuld, von der Jesus spricht. Ein derartiges Fehlverhalten sollte uns alle so beschämen, dass wir am liebsten im Erdboden versinken würden. In der Begegnung mit Missbrauchsopfern erlebe ich immer wieder, wie sie ein Leben lang nicht mehr zum Boden ihrer eigenen Existenz zurückfinden können. Ich habe auch als Psychiater Täter in Behandlung gehabt, teils mit ihnen in anderen Kontexten gesprochen. Ich spüre immer wieder, dass ihnen meist das Mitgefühl fehlt. Sie begreifen nicht, auf welch brutale Weise sie den anderen zugunsten ihrer eigenen Stabilisierung den Boden unter den Füßen weggezogen haben. Wenn sie das erkennen könnten, würden sie begreifen, was sie eigentlich angestellt haben.

HG: Missbrauchtes Vertrauen ist verlorenes Vertrauen. Menschen, denen große Verantwortungsbereiche oder Leitungsfunktionen übertragen werden, bauen leicht die Illusion auf, über alles und jeden verfügen zu können. Aber das sind in Wirklichkeit nur Hülsen, Schablonen eingebildeter Persönlichkeit, in denen die wirkliche Person verschwinden kann. Verwundbarkeit, Zerbrechlichkeit und Unbeholfenheit unterschiedlichster Art machen uns doch als Menschen aus und nicht eine einge-bildete Souveränität. „Wenn ihr nicht werdet wie Kinder" ist ein heraus-forderndes Wort für Menschen, die Macht haben und diese ausüben müssen. Jesu Bildwort vom Kindsein ist eine Einladung, sich immer wie-der in Situationen eigener existenzieller Verunsicherung zu begeben, um nicht zu vergessen, dass wir allesamt arme, hilfsbedürftige Geschöpfe sind. Pierre Goursat, der Gründer der Gemeinschaft Emmanuel, hat uns oftmals das Wort eingeschärft: „Nous sommes les pauvres types, nous tous!" Wir sind ausnahmslos alle „arme Typen". Das ist die Realität. Alles andere ist eine gefährliche Illusion. Die falsche, eingebildete Souveräni-tät ist der eigentliche Unglaube.

ML: Die falsche Souveränität beruht auf einer hermetisch abgeschlos-senen Persönlichkeit: das eigene Ich als fertiges Produkt. Ich habe mich oft gefragt, was den Unterschied ausmacht, dass manche Menschen so jung wirken, obwohl sie alt sind, und manche junge Menschen schon so alt wirken. Die Neurobiologie zeigt, dass das junge Gehirn bis zum Er-wachsenenalter durch einen ständigen Auf- und Abbauprozess gekenn-zeichnet ist. Dementsprechend verhalten sich ja auch die Menschen bis zu diesem Alter. Das Schöne am jungen Menschen ist die Freiheit der inkonsistenten Identität, die Neugierde auf sich und die Welt. Der junge Mensch erfindet sich und die Welt ständig neu.

Wenn man dann erwachsen ist, baut sich das Gehirn nur mehr ge-ring um, es ist nur mehr wenig plastisch. Es zeigt sich aber, dass jene Menschen, die in Geborgenheit leben, wie zum Beispiel in Familien, bei Freunden oder in einer Vertrautheit mit Gott, jung bleiben: In ihrem Ge-hirn bleibt die Formbarkeit in einem wesentlich höheren Ausmaß erhal-ten. Für eine menschliche Entwicklung braucht es daher Geborgenheit. Aus meiner Perspektive erschließt sich damit das Wort Jesu von der Wichtigkeit des Kindes in uns. Es geht um die innere Lebendigkeit als Voraussetzung für eine spirituelle Reifung.

HG: Ja, ein Kind ist leicht zu überraschen. Es reagiert meist spontan und authentisch. Ein Kind ist von Natur aus neugierig, innerlich beweglich und lässt sich mit geringem Aufwand zum Guten anleiten. Begeiste-rungsfähigkeit ist eine enorme Qualität des Kind-Seins, was allerdings auch seine Verwundbarkeit ausmacht. Ebenso unkompliziert wie zum Guten lässt sich ein Kind auch zum Bösen verleiten. Es ist aufgrund seiner inneren Offenheit leicht zu verführen. Jesus wählt ganz bewusst das Kind als Modell für den erlösten Menschen. Ein Kind ist das Gegenbild zu einem Menschen, der vom Wunsch nach Macht um ihrer selbst willen und deren Erhaltung besetzt ist.

ML: Ich kann mich an ein Treffen mit einem persönlichen Freund erinnern, der kurz zuvor in eine ganz wichtige Position berufen worden war. Ich wusste, dass er von einem ganz kleinen Bauernhof kommt, aus einer sehr entlegenen Gegend. Er hat mir dann erzählt, wie ihm jetzt die Welt zu Füßen liegt, wie Dinge verfügbar werden, die er vorher nicht zu erträumen wagte. Ich sagte ihm: „Schau, mein Lieber, du bist jetzt eigentlich in einer noch schwierigeren Situation als vorher, in der du das alles nicht hattest. Jetzt bist du bei einem Buffet, dir knurrt der Magen, aber du darfst nichts essen. Denn wenn du zu essen beginnst, wirst du davon abhängig werden." Das hat er sich sehr zu Herzen genommen und hat durch seine Machtposition bisher weder sich noch anderen einen Schaden zugefügt.

8

Um Himmels willen leibfeindlich?

Mt 18,7-9

Wehe der Welt wegen der Ärgernisse! Es muss zwar Ärgernisse geben; doch wehe dem Menschen, durch den das Ärgernis kommt! Wenn dir deine Hand oder dein Fuß Ärgernis gibt, dann hau sie ab und wirf sie weg! Es ist besser für dich, verstümmelt oder lahm in das Leben zu gelangen, als mit zwei Händen und zwei Füßen in das ewige Feuer geworfen zu werden. Und wenn dir dein Auge Ärgernis gibt, dann reiß es aus! Es ist besser für dich, einäugig in das Leben zu kommen, als mit zwei Augen in das Feuer der Hölle geworfen zu werden.

HG: „Wehe der Welt wegen der Ärgernisse!" Im griechischen Text wörtlich: "die Skandale!". Das griechische Wort *scandalon* bedeutet „Stolperstein" oder auch „Falle". Dieser weitreichende Weheruf Jesu bezieht sich auf die Mahnung, die im Text unmittelbar davorsteht: Niemand hat das Recht, aufgrund des Glaubens jemanden zu verachten oder lächerlich zu machen! Diesem Skandal waren die ersten Christen ausgesetzt. Der Text spricht von dem, was sie schmerzlich erleben. Ihr Glaube ist gemäß dieser warnenden Worte Jesu gefährdet und schutzbedürftig – und er ist kein fester Besitz, er kann auch verloren gehen. Der neue Weg einer persönlichen Jesus-Verbundenheit ist vielen Gefahren ausgesetzt, es läuft nicht automatisch. Die Aussagen Jesu, die jeder Political Correctness spotten, plädieren für eine kompromisslose Entschiedenheit, um „in das Leben hineinzukommen". Nur so sind die drastischen Bilder von einer scheinbar notwendigen Selbstverstümmelung einigermaßen einzuordnen – von einem Verstehen kann nicht die Rede sein. Zu fremd, zu gegenläufig zu allen üblichen Rezepturen von Lifestyle und Körperkult. Wird hier tatsächlich eine Leibfeindlichkeit um des Himmelreiches willen propagiert?

Bevor man die Frage mit einem klaren „Nein" beantwortet, muss man zugeben, dass viele Christen jahrhundertelang diesen Aufruf so verstanden haben. Sie reduzierten ihr Christentum schlicht und einfach auf Leibverachtung. Und auch Verstümmelungen kamen vor. Deswegen habe ich mit dieser Textstelle auch selbst zu kämpfen. Die überspitzte Rede wendet sich, und so wird sie für mich gleich um eine Spur verständlicher, an ein Du: „Du bist gefährdet!" Und du hast es in der Hand, entgegenzusteuern. Jesus wiederholt außerdem zweimal das eigentliche Motiv seiner drastischen Anweisungen: in das Leben kommen! Das ist der Himmel. Dieser beginnt jetzt schon. Das „ewige Feuer" oder die Hölle ist der Inbegriff gänzlich verfehlten Lebens. Gemeint ist die absolute Verlorenheit, ein totaler Verlust von Leben.

ML: Wenn man den Text so liest, erschreckt er. Der Text, metaphorisch betrachtet, mahnt die unmittelbare Verantwortung für sich selbst ein. Wie sehr versuchen wir in unserem Leben der Selbstverantwortung zu entkommen. Wie viel Energie buttern wir in Ausreden jeder Art. Es geht für uns alle darum, uns unserer eigenen Realität zu stellen. Am Schluss, so vermute ich, holt uns die Selbstverantwortung dann doch wieder ein. Die Hand und der Fuß, die wir wegwerfen sollten, sind jene Eigenschaften, die uns in einen Widerspruch zum göttlichen Wesen in uns bringen. In einem Text des verstorbenen italienischen Schriftstellers und Journalisten Tiziano Terzani beschreibt er einen Aufenthalt bei einem Guru in Indien, der als spirituelle Wegzehrung seinen Schülern mitgibt: „Lebt so, dass ihr euch im eigenen Leben wiederfinden könnt." Der Vorschlag von Jesus ist in diesem Sinne natürlich nicht als Anleitung zur Selbstamputation zu verstehen. Er ist vielmehr eine ziemlich brutale Ermutigung in allem, was wir sind, eins zu sein.

Wir amputieren uns nämlich selbst, wenn wir nicht ganzheitlich im Sinne von uns selbst handeln. Gerade was die Sexualität anbelangt, ist das bekanntlich eine nicht unbeträchtliche Herausforderung. Es geht nicht darum, mit der Sexualität „fertig zu werden", sondern in der Verantwortung für die eigene Sexualität sexuell zu leben. Das bedeutet das Sexuelle nicht als etwas Fremdes, sondern als das Ureigene in sich zu leben und integrativ zu realisieren. Diese Integration wäre ein Gegenmodell zur Feindschaft mit sich selbst. Feindschaft nicht nur gegen den Leib, sondern auch gegen den Geist oder noch viel häufiger gegen das Herz. Gegen den Leib zu leben, gegen das Herz zu leben und gegen den eigenen Geist zu leben führt zu einer tiefen Spaltung, die die Grundlage von Krankheit, Unglücklich-Sein und Einsamkeit darstellt.

HG: Es geht Jesus natürlich nicht um eine masochistische Selbstverstümmelung. Er will mit Sicherheit auch keine falsche Sündenangst, innere Zwänge oder Höllenängste produzieren. Jesus schlägt einen radikalen Weg der freiwilligen Selbstbeschränkung vor. Nicht überall sein müssen, alles bespielen und alles „begehen". Nicht alles in die Hand nehmen oder benützen, was grundsätzlich „zuhanden" wäre. Niemanden manipulieren! Nicht alles in den Blick nehmen und in sich hineinsaugen, was an verführerischem Material und Medien vorhanden und niederschwellig zugänglich ist. Das gefährliche Wort Jesu ist ein Plädoyer für Lebenskultur, für eine selbst gewählte Beschränkung um einer größeren Freiheit willen. Also nicht alles ausschöpfen und konsumieren, was angeboten wird. Ein weitreichendes Wort in unserer multioptionalen Gesellschaft! Scheinbar besteht doch das Glück darin, alle Optionen offenzuhalten oder auszuschöpfen, was natürlich nicht selten zu einer Lähmung führt, zu einem veritablen Verlust von Lebensfreude. Weniger ist mehr!

ML: Da fällt mir eine Geschichte von der amerikanischen buddhistischen Lehrerin Joko Beck ein. Beck hat ihren Schülern immer wieder gesagt, wie ernsthaft die Übung zur Erlangung von Disziplin zu sehen ist. Eine Schülerin merkte dazu eines Tages kritisch an, dass das ja doch nicht sein könne, alles immer so schwierig zu machen. Wir seien doch auch dazu berufen, es im Leben fein und lustig zu haben. Die Lehrerin sagte anerkennend zu ihr: „Du hast wohl recht, das klingt sehr plausibel. Aber hat dein Konzept, wenn du es verstanden und verwirklicht hast, zu Freude und Vergnügen in deinem Leben geführt?"

Diese Aussage hat mich sehr berührt. Ich habe verstanden, dass nur die freiwillige Selbstbeschränkung, und nur sie, den Freiraum, die Freude und die Offenheit erzeugt, um das Fest des Lebens zu feiern. Nicht zu übersehen ist allerdings, dass die Selbstbeschränkung als Selbstzweck nichts wert ist. Sie ist dann nur ein Versuch, sich selbst zu terrorisieren. Die Ernsthaftigkeit ist die Ursache von Freude. Wer sich freut, braucht keinen Spaß mehr. Die Spaßgier in unserer Gesellschaft ist Ausdruck der Freudlosigkeit. Freude ist eine Form der Ruhe, der Selbstvergessenheit, ein Stück Glück, das aus meiner Sicht genügt.

HG: Ich möchte ergänzend auf die zwei Arten von Ernsthaftigkeit hinweisen. Es gibt sie in der Gestalt einer aufmerksamen, aber unverkrampften Sorge für ein rechtes Dasein, Sprechen und Handeln. Aber es gibt auch eine verbissene Ernsthaftigkeit, die mit verhärteter Miene jeden Ausdruck spontaner Lebensfreude unter Verdacht nimmt. Das ist sicher nicht die jesuanische Lebenshaltung! Mutter Teresa, die ihr Engagement für die Ärmsten der Armen in authentischer Freude und Ernsthaftigkeit gelebt hat, hat einmal gesagt: „Das Leben ist Verheißung, lass sie in Erfüllung gehen! Das Leben ist Traurigkeit, überwinde sie! Das Leben ist ein Lied, singe es! Das Leben ist ein Kampf, kämpfe ihn! Das Leben ist ein Abenteuer, bestehe es! Das Leben ist Glück, verdiene es! Das Leben ist das Leben, verteidige es!"

Durch die Selbstbeschränkung, die Jesus da vorschlägt, wird jedenfalls genau der von dir schon angesprochene Zustand der inneren Ruhe, der Ausgeglichenheit und Freude angestrebt. In diesem Zustand brauche ich weder die Quantität der vielen materiellen Güter noch einen wie auch immer gearteten Kick zur Ausreizung des sonst vielleicht langweiligen Daseins. In allem wird eine Erfahrung von Himmel angestrebt. Allerdings lässt sich der Himmel weder kaufen noch anders erzwingen. Der Himmel schenkt sich. Die Liebe schenkt sich. Gott schenkt sich.

ML: Zur Idee des Schenkens passt etwas dazu, was ich vom Tantra, der Lehre von der tantrischen Sexualität, gelernt habe. Sexualität hat keine Eigenständigkeit. Sexualität ist laut tantrischer Lehren nur das, was sie ist. Daher ist der sexuelle Kommunikationsprozess nicht intentional und ohne Ziel. Es kommt dabei zu einer ungeheuren Bedächtigkeit und zu einer Verlangsamung der Handlung. Der Körper wird nicht von Vorstellungen übernommen, sondern es kommt zu einer ganzheitlichen Beantwortung von sich und dem anderen, dem sogenannten Gegenüber, der dann kein Gegenüber mehr ist. Wenn etwas für etwas sein muss, dann richtet es sich gegen einen selber. Wenn man aber aus sich heraus handeln kann, ohne dass es etwas sein muss, ist die Integrität gewährleistet. So könnte man Jesus verstehen, wenn er sagt, dass man kein Ärgernis geben soll. Ärgernis ist ja nichts anderes als Differenzierung zu erzeugen.

HG: Mir scheint, du gehst damit einen Schritt zu weit. Warum sollte denn Differenzierung automatisch ein Problem sein? Für eine personale Kommunikation, das heißt, für eine mögliche Begegnung braucht es immer ein Du, ein Gegenüber. Wir sind doch nicht auf ein einsames In-uns-Sein hin geschaffen worden, oder? Wir tragen doch als individuelle Subjekte die Sehnsucht nach einem Du in uns. So zumindest verstehe ich „Leben in Beziehung" auf der Basis einer jüdisch-christlichen Anthropologie. Durch ein Du kommt der Mensch erst zu sich, wird zum Leben aufgeweckt und befähigt. Die Liebe nivelliert in einem personalen Einssein nicht das Gegenüber, sondern schenkt sich – möglichst begierdefrei, aber leidenschaftlich. Ob das nicht intentional ist, wage ich zu bezweifeln.

ML: Das Gegenüber erzeuge ich als Ego und daher erzeuge ich das Ärgernis. In der tiefen Verbundenheit mit dem Wesentlichen in sich zu leben: Das ist unsere große Sehnsucht und dieser ist nachzugehen – davon handelt der Text. Erst aus dieser Verbundenheit mit dem eigenen Selbst aufgrund einer reifen Selbstliebe kann es zum Akt einer Hingabe an den anderen kommen.

HG: Mit Sicherheit vertreiben die groben Worte Jesu jedes Missverständnis von einem oberflächlichen Mitmachgetue bei einem spaßigen Christentum. Ich erinnere mich gerade deshalb an eine höchst kontroversielle Kunstintervention von Christian Eisenberger in der Fastenzeit 2007 in der Grazer Andräkirche. Altar und Ambo mit Verpackungsmaterialien verhüllt. Auf dem Hochaltarbild war durchgehend die Projektion ERROR, NO SIGNAL zu lesen. Der Künstler selbst hat die 40 Tage im Schweigen auf der Empore der Kirche verbracht, dort gehaust, gekocht und geschlafen, mit niemandem kommuniziert und täglich nach einem bestimmten Ritual die Arbeiten des Tages erledigt. „Gerade weil ich alles bewusst versäume, werde ich mich verändern." Mit dieser Intention hat Eisenberger die radikale Aktion begonnen. Es waren für ihn keine religiösen Motive ausschlaggebend, aber unbestritten hat er sich und uns in eine spirituelle Tiefe geführt. Es gab Solidaritätsbezeugungen und echte Betroffenheit: „Ich rede zu viel. Christian schweigt für uns!", schrieb jemand ins Gästebuch der Kirche.

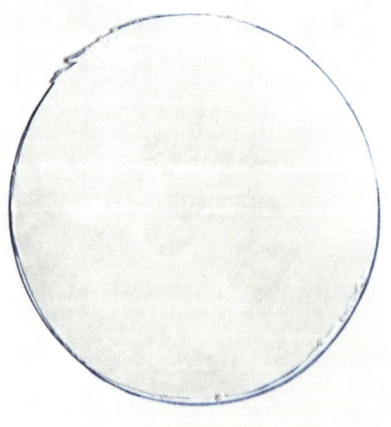

9

Gott greift nicht ein

Mk 6,45-52

Jesus drängte seine Jünger, ins Boot zu steigen und ans andere Ufer nach Betsaida vorauszufahren. Er selbst wollte inzwischen die Leute nach Hause schicken. Nachdem er sich von ihnen verabschiedet hatte, ging er auf einen Berg, um zu beten. Als es Abend wurde, war das Boot mitten auf dem See, er aber war allein an Land. Und er sah, wie sie sich beim Rudern abmühten, denn sie hatten Gegenwind. In der vierten Nachtwache kam er zu ihnen; er ging auf dem See, wollte aber an ihnen vorübergehen. Als sie ihn über den See gehen sahen, meinten sie, es sei ein Gespenst, und schrien auf. Alle sahen ihn und erschraken. Doch er begann mit ihnen zu reden und sagte: Habt Vertrauen, ich bin es; fürchtet euch nicht! Dann stieg er zu ihnen ins Boot und der Wind legte sich. Sie aber waren bestürzt und fassungslos. Denn sie waren nicht zur Einsicht gekommen, als das mit den Broten geschah; ihr Herz war verstockt.

HG: Kaum jemandem bleibt die Erfahrung einer bedrohlichen Nacht erspart. In der vorliegenden Erzählung geht es um eine Nacht des verlorenen Vertrauens und deren Überwindung. Nach einer langen Phase des Gebets kommt Jesus erst in der vierten Nachtwache, also am Anbruch des Tages, zu seinen Jüngern. Zuvor beobachtete er sehr lange, wie sie sich beim Rudern abmühten. Sie hatten Gegenwind. Das sind am See Genezareth ganz massive Fallwinde vom gegenüberliegenden Bergrücken, eine enorme Gefahr für die Fischer. Jesus schaute verdammt lange zu. Hat er für sie gebetet? Vermutlich wird er sich am verzweifelten „Rudern" seiner Jünger doch nicht ergötzt haben. Schließlich kam er zu ihnen, wörtlich „umhergehend auf dem Meer". Der Gang auf dem Wasser manifestiert seine Macht über die lebensbedrohlichen Chaosmächte. Er will jedoch an ihnen „vorübergehen". Wiederum ein irritierendes Moment der ohnehin fremden Gestalt. Vielleicht ist diese Formulierung eine Anspielung auf die Gotteserfahrung des Mose auf dem Berg Sinai, wo Gott an ihm „vorüberging". Gott lässt sich nicht fassen. Trotz größter Vertrautheit können wir nicht über ihn verfügen. Dieses unbequeme Fremdsein Gottes auszuhalten, ist nicht leicht. Die extreme Bedrohungssituation, der die Jünger ausgesetzt sind, ist ein Beispiel für die Härte existenzieller Not. Manche Menschen werden an Gott irre. Sie zweifeln nicht zu Unrecht an seinem Interesse für den Menschen. Ein ignoranter Gott? Ein Gott, der angesichts persönlicher Not und verheerender Katastrophen in der Welt nicht eingreift – oder nicht eingreifen kann? Ein unfähiger, wenn überhaupt vorhandener Gott? Eine zu fromme Verneinung dieser Frage verbietet sich.

ML: Wahrscheinlich erleben wir Gott als ignorant, weil er uns nicht in Bezug auf unsere Hoffnungen antwortet, sondern uns „nur" eine Einladung zur Zuversicht gibt. Er ist nicht mehr als der immer Da-Seiende, der bei uns ist, der uns berührt, der unser Herz umfängt und hält und gleichzeitig freilässt.

HG: Die Jünger schreien auf vor Angst. In diesem Moment beginnt Jesus mit ihnen zu sprechen: Habt Vertrauen, ich bin es! Noch präziser und stärker: Ich bin! Gegenwart nimmt Angst! Gegenwart ist Zuspruch. Und er stieg zu ihnen ins Boot. Sein Dasein hat sofort eine befreiende und erlösende Wirkung. Der tödliche Wind legt sich. Die Jünger sind „bestürzt und fassungslos". Überraschend ist der dafür genannte Grund. Sie haben noch nichts aus dem Wunder der Brotvermehrung gelernt. Die Person Jesu ist ihnen noch immer nicht vertraut. Noch überraschender ist der zweite Grund, nämlich das „verstockte Herz". Sie waren noch nicht empfänglich für Gottes absolute Nähe in Jesus.

ML: In letzter Zeit habe ich über den Unterschied zwischen Hoffnung und Zuversicht nachgedacht. Hoffnung ist etwas, das wir an Bedingungen knüpfen. Wir glauben also, wenn das oder jenes eintreten würde, wäre die Welt für uns besser. Das hoffen wir und setzen damit auf Bedingungen. Faktum ist, dass sich manchmal diese oder jene Hoffnung erfüllt und manchmal nicht. Auch bei Nichterfüllung hoffen wir beim nächsten Mal mit der gleichen Inbrunst. In der Begegnung mit sterbenden Menschen erlebe ich manchmal, dass sie nach allem Hoffen die Hoffnung aufgeben und trotzdem eine heitere Gelassenheit zeigen. Sie sagen mir dann: „Ich tu noch immer alles, was ich tun kann, damit ich überlebe. Aber wenn es nicht mehr weitergeht, ist es auch gut." Ich nehme an, diese Menschen haben sich dadurch befreit, dass sie sich die Last der Hoffnung nicht mehr antun.

Aber was tritt an ihre Stelle? Zuversicht. Zuversicht repräsentiert so etwas Ähnliches wie Hoffnung in uns, nämlich ein grundsätzliches Ja zu sich selbst, beziehungsweise damit verbunden, zur Situation, in der man sich befindet. Es ist dem Zuversichtlichen gleichgültig, ob es so wird, wie er es sich wünscht, oder ob es anders zu seinem Besten ist. Es muss auch nicht nur gut werden: Es ist gut, wie es ist. Zugegebenermaßen ist Zuversicht etwas, das nicht immer leichtfällt. Aber als innere Haltung gewährleistet sie im Gegensatz zur Hoffnung eine viel größere Stabilität, eine viel größere Unabhängigkeit. Zuversicht ist eine innere Haltung, die den Ernstfall der religiösen, der spirituellen Identität eines Menschen darstellt. An der Zuversicht kann man erkennen, ob ein Mensch nicht nur von der Religiosität spricht, sondern ob er sie wirklich verinnerlicht hat. Die Zuversicht drückt sich dann in einer heiteren Gelassenheit, einfach im Glücklich-Sein aus. Wir glauben gewöhnlich, dass Glücklich-Sein etwas ist, was nicht mit Trauer, Angst und Ärger vereinbar ist. Aber das ist nicht so. Wer glücklich ist, ist trauerfähig, ja sogar „angstfähig", denn er ist tief im Herzen von Zuversicht getragen.

HG: Mir gefällt ausgesprochen gut, was du über die Zuversicht sagst. Zuversicht stützt sich auf Nähe. Von ihr getragen, lässt sich das scheinbare Nicht-Handeln Gottes, sein offensichtliches Nicht-Eingreifen aushalten. Trotzdem bleibt ein Fragezeichen, das auch wir beide in unserem Diskurs aushalten müssen. Es gibt die großen Brüche in unserer Welt, die himmelschreienden Ungerechtigkeiten, die wirtschaftlichen und sozialen Schieflagen, die Millionen von Menschen ins Elend treiben. Es gibt für diese Katastrophen eine benennbare Schuld von Menschen und Institutionen, aber es gibt auch das nicht erklärbare Leid, dem Menschen ausgesetzt sind.

Warum greift da Gott nicht ein? Diese Frage bleibt für mich hartnäckig und herausfordernd. Wenn ich einmal in den Himmel komme, werde ich Gott diese Frage stellen. Jesus hat das Leid in der Welt auch nicht zur Gänze abgeschafft. Warum eigentlich nicht? Viele würden ihn gerne in dieser Rolle sehen – damals und heute. Jesus hat Ohnmacht erlebt und zugelassen. Für mich ist der Blick auf das Kreuz immer noch der einzige Trost – im behutsamen Sinn auch eine Antwort im gesamten Fragenkomplex nach dem Leid in der Welt. Das Kreuz ist weder ein Herrschaftszeichen noch eine billige Vertröstung – auch wenn es vielfach dazu missbraucht wurde. Jesus war der absolut Liebende, der im Erleiden der brutalen Hinrichtung das Böse ertragen und damit überwunden hat.

ML: Es ist ja ein eigenartiger Umstand, dass seit jeher Menschen zu Gott beten. Manchmal gewinnen sie den Eindruck, dass ihre Bitten erhört werden, und manchmal nicht. Dietrich Bonhoeffer drückt das so aus: „Nicht alle meine Wünsche, aber alle seine Verheißungen erfüllt Gott." Am bizarrsten ist eine Situation, in der zwei Feinde sich gegenüberstehen: Beide beten zu Gott, er möge ihnen helfen, und doch verletzen sich beide oder zumindest ist nur einer der Sieger und der andere der Verlierer. Es ist also die große Frage, ob sich Gott durch unsere Bitten erweichen lässt oder nicht? Ich zweifle am Sinn, Gott etwas zu bitten. Was sagst du als Seelsorger und Priester dazu?

HG: Mir ist das Fürbittgebet aus den folgenden Gründen wichtig: Erstens ist es eine Schule der Enttäuschung – Aushalten lernen, dass Gott nicht auf Knopfdruck funktioniert. Wer an Gott glaubt, muss lernen, ihn nicht zum automatischen Gehilfen seiner Wünsche und Vorstellungen zu machen, auch nicht der allerfrömmsten und humansten. Zweitens ist das Fürbittgebet eine Einübung in eine innere Verbundenheit mit allen Menschen. Christliches Gebet gibt es nur in einer solidarischen Gemeinschaft mit den unzähligen Geschöpfen, die sich alle in ihrer Weise an den Herrn des Lebens wenden. Gebet verbindet. Gebet weitet das Herz und die Aufmerksamkeit. Gebet befreit zur Sorge füreinander im Namen Jesu. Und drittens ist das Fürbittgebet eine Einübung, mit den größeren Möglichkeiten Gottes zu rechnen. Eine Schule des Glaubens. Menschliche Grenzen müssen nicht die Grenzen Gottes sein, ebenso wenig die Grenzen physikalischer Gesetze. Wer betet und bittet, übergibt den Ausgang der Geschichte in die Hände Gottes.

Das Fürbittgebet ist das Eingeständnis von Nicht-Souveränität, zumindest die Erkenntnis, dass wir nicht alles in der Hand haben und kontrollieren können. Beten heißt, Gott mehr zuzutrauen, als es unser begrenzter Verstand erfassen kann. Beten heißt also nicht Fordern, sondern Zutrauen. Wunderbar ausgedrückt in einem Zitat aus „The Young Pope", einer Fernsehserie von Paolo Sorrentino mit Jude Law in der Hauptrolle: „Prayer shouldn't be a list of requests […]. It should be an occasion for understanding. While we pray, we reflect in the most elevated way we can, so that someone can whisper thoughts into our ears. We call that someone God."

ML: Es ist für mich befreiend, dass du auf diese Weise das Fürbittgebet aus der abergläubischen Interpretation entlässt. Eigentlich ist es naheliegend, als Antwort auf die Theodizee-Frage Gott selbst infrage zu stellen. Wenn ich das nicht mache, setze ich mich damit dem Verdacht aus, dass ich mir den Glauben einbilde, um mit den existenziellen Ängsten fertig zu werden. Warum Gott so diskret eingreift, wenn überhaupt, und warum er offensichtlich die Welt ihrem Schicksal überlässt, erkläre ich mir aus meinem Verständnis von Liebe. Liebe ist kein Gefühl. Unsere Gefühle sind Informationen an uns und andere. Die Liebe ist etwas ganz anderes. Die Liebe ist die Empfindung der totalen Verbundenheit. Aus dieser Verbundenheit entsteht jenseits von Handlungen die Wahrnehmung meines ganzen Seins – sowohl wenn ich liebe als auch wenn ich geliebt werde. Es entsteht die Wahrnehmung der eigenen Existenz und damit kann ich alle Möglichkeiten, wie sie mir gegeben sind, verwirklichen.

Man könnte sagen: Liebe ist ein Wachstumsfaktor. Es ist ein Faktor, der mir ermöglicht, mich selbst auszuleuchten und zu realisieren. Liebe hat zwar Konsequenzen, manipuliert aber nicht am geliebten Du herum. Liebe greift nicht operativ ein, sondern lässt zu. Sie wirkt über Verbundenheit. Wenn wir die Behauptung „Gott ist die Liebe" ernst nehmen, dann müssen wir auch akzeptieren, dass Gott in die Welt nicht operativ eingreift. Die Macht Gottes liegt nicht in der Tatsache des Eingreifens in der Welt, sondern liegt ausschließlich darin, dass er jederzeit uneingeschränkt der Liebende ist. Ich verstehe dein Verständnis des Bittgebetes eher so, dass sich Gott manchmal zu erkennen gibt. Und ich glaube, du hast recht. Wenn Gott die Liebe ist, wird er unsere Bitten nicht so beantworten, als ob er ein Ego hätte, ein göttliches Ego, dem entsprechend er seine Aktionen setzt. Eine Bitte ist ein Akt der Hingabe, die Akzeptanz der eigenen Grenze und nicht etwa ein Versuch, sich von der höchsten Instanz in allen möglichen Angelegenheiten Schützenhilfe zu holen. Durch diese Hingabe können wir es schaffen, nicht mehr der Erfüllung unseres Lebens entgegenzustehen. Dann kann sogar etwas eintreten, was wir uns wünschen – weil wir uns nicht mehr dagegenstellen.

HG: Ich möchte gerne wiederholen und unterstreichen: Bitten ist das Eingeständnis, selbst nicht in allem souverän zu sein und in allem ein solidarischer Akt – Anteil nehmen an der Not der vielen. Die Liebe nimmt Anteil. Das ist das Wesen der Liebe. Gerne erzähle ich von einem elfjährigen Mädchen, das ich gefragt habe, ob es gelegentlich auch bete. Es hat mir mit einer beeindruckenden Entschiedenheit geantwortet: „Natürlich! Ich bete täglich. Manchmal kommt mir vor, als ob ich gegen eine Wand sprechen würde. Gott hört gar nichts. Und dann habe ich wieder den Eindruck, als ob ich direkt in das Herz Gottes hineinspreche. Und manchmal erzähle ich Gott auch die neuesten Witze. Nur schade, er weiß immer schon, wie sie ausgehen." Ist das nicht ein wunderbares Zeugnis von einem reifen Glauben?

Gottes Tun stellen wir uns leider fast immer als ein mechanisches Eingreifen vor, eine Intervention von außen – *deus ex machina* – wie schon im griechischen Theater. Wie Gott tatsächlich wirkt, entzieht sich jedoch unserer Wahrnehmung. In jedem Fall sollten wir ihm zumindest nicht zu sehr im Wege stehen. Und es macht Sinn, einander vom Wirken Gottes zu erzählen, denn allen Schwerfälligkeiten zum Trotz „lohnt es sich", an Gottes Lebendigkeit zu glauben. Gerade in der Konfrontation mit der Unermesslichkeit des Leids kann die Zuversicht schwinden. Es tut gut, sich daran zu erinnern, dass Mutter Teresa vor ihrem Tod bekannte, wie ihr das Gefühl für Gottes tröstende Gegenwart lange Zeit hindurch entzogen war. Sie hat die Erfahrung Jesu geteilt, der am Kreuz in extremer Verlassenheit gestorben ist. Gott hat ihn vom Tod auferweckt, aber ihm nicht die Erfahrung des Todes erspart.

ML: Ich möchte noch kurz von einem Verwandten von mir erzählen, der sehr erfolgreich und auch sehr religiös war. Im Alter von 45 Jahren hat er bei einer sportlichen Anstrengung eine Herzattacke mit Herzstillstand erlitten, konnte aber wiederbelebt werden. Seitdem lebt er nur mehr mit einem Teil seines Gehirns, kann nicht sprechen und hat starke motorische Einschränkungen. Ganz offensichtlich hat er jedoch ein relativ intaktes Bewusstsein von sich selber und muss seit über zehn Jahren sein Leiden selbst mitertragen. In so einer Situation kann ein Mensch schon in einen tiefen Zweifel fallen. Hier zu sagen, dass Zuversicht angebracht ist, und zu postulieren, dass Gott die Liebe ist, ist für viele fast unerträglich.

Diese Unerträglichkeit ist verständlich. Dennoch kann sich durch den Gedanken, dass Gott die Liebe ist, auch angesichts einer so drastischen Leiderfahrung mit der Zeit eine geheimnisvolle Ruhe im Herzen einstellen. Erklären lässt sich das Leid aber nicht, schon gar nicht wegerklären. Ich möchte diese sensible Frage mit einem kurzen Text von Frère Roger Schutz, dem Gründer und lebenslangen Prior der ökumenischen Bruderschaft von Taizé, abschließen: „Zuallererst bittet Gott uns darum, seine Liebe zu empfangen. Könnten wir uns immer daran erinnern: Nicht Gott löst menschliches Elend aus, weder Angst noch Furcht. Gott will weder Kriege noch Erdbeben, noch grausame Unfälle. Gott ist daran unschuldig. Gott ist Unschuld. Gott kann nur lieben. Darin liegt das ganze Evangelium."

10

Worum geht es eigentlich?

Lk 5,17-26

Eines Tages, als Jesus lehrte, brachten Männer auf seinem Bett einen Menschen, der gelähmt war. Sie wollten ihn ins Haus bringen und vor Jesus hinlegen. Weil es ihnen aber wegen der Volksmenge nicht möglich war, ihn hineinzubringen, stiegen sie aufs Dach und ließen ihn durch die Ziegel auf dem Bett hinunter in die Mitte vor Jesus hin. Als er ihren Glauben sah, sagte er: Mensch, deine Sünden sind dir vergeben. Und die Schriftgelehrten und die Pharisäer fingen an zu überlegen: Wer ist dieser, der Lästerungen ausspricht? Wer kann Sünden vergeben außer Gott allein? Jesus aber erkannte ihre Gedanken und erwiderte ihnen: Was überlegt ihr in euren Herzen? Was ist leichter, zu sagen: Deine Sünden sind dir vergeben! Oder zu sagen: Steh auf und geh umher? Damit ihr aber erkennt, dass der Menschensohn die Vollmacht hat, auf der Erde Sünden zu vergeben – sprach er zu dem Gelähmten: Ich sage dir: Steh auf, nimm dein Bett und geh in dein Haus! Und sogleich stand er vor ihren Augen auf, nahm das Bett, auf dem er gelegen hatte, und ging Gott preisend in sein Haus. Da gerieten alle außer sich; sie priesen Gott und sagten voller Furcht: Heute haben wir Unglaubliches gesehen.

HG: Die Erzählung schildert Unglaubliches. Es geht um die Überwindung von Lähmungen und Erstarrungen. Seit meiner Kindheit fasziniert mich die Leidenschaft, mit der die Freunde des Gelähmten am Werk sind. Berührende Solidarität! Die Barriere der Volksmenge umgehen sie mit einer frechen Kreativität, die ihresgleichen sucht. Sie durchbrechen die Flachdecke des Hauses und lassen den Gelähmten durch die Öffnung hinunter „in die Mitte" vor Jesus. Er sah ihren Glauben und reagiert vollkommen anders, als sie es erwartet haben. Er verweigert die naheliegende Problemlösung, wenn man das so bezeichnen darf. Er spricht dem Gelähmten Vergebung zu.

Damit taucht die Frage auf: Worum geht's? Geht es um Krankheit oder um Sünde? Ich erinnere mich an die Aufregung, die Papst Franziskus mit seiner Weihnachtsansprache 2014 vor den Mitgliedern der Kurie ausgelöst hat. Er hat von 15 Krankheiten gesprochen, die den Organismus der Kirche lähmen. Analog wäre diese Diagnose auch auf viele andere Institutionen übertragbar. Franziskus sprach von einer sklerotischen Verhärtung der Herzen, von einem geistlichen Alzheimer, von der Krankheit der Rivalität und Ruhmsucht sowie von der Gefahr einer schizophrenen Existenz, wenn Menschen ein gefährliches Doppelleben führen. Durchaus humorvoll schilderte er auch die Krankheit des Beerdigungsgesichts. Davon betroffen sind „Menschen, die mürrisch und finster dreinblicken, die meinen, um ernsthaft sein zu können, ihr Gesicht mit Melancholie und Strenge anmalen zu müssen, und die die anderen, vor allem die Schwächeren, mit sturer Strenge, Härte und Arroganz behandeln. In Wirklichkeit ist diese theatralische Strenge ein steriler Pessimismus und ein Zeichen für Angst und Unsicherheit". Ja, wir alle brauchen Heilung. Durch die von Jesus im Namen Gottes zugesprochene Vergebung geschieht Heilung. Die anwesenden Autoritäten des Volkes empfinden dies als ungeheuerliche Gotteslästerung. Nur Gott allein kann Sündern vergeben! Jesus bemerkt den Vorwurf, auch wenn er nicht ausgesprochen wird, und reagiert darauf in einer aufsehenerregenden Weise: Er befiehlt dem Gelähmten aufzustehen und nach Hause zu gehen. Die Reaktion der Volksmenge ist verständlich: Ekstase, Lobpreis und Bekenntnis – was sonst? Die Erfahrung der heilenden und vergebenden Macht Jesu stellt alles bisher Gekannte in den Schatten.

ML: Wenn man als Arzt arbeitet, wird im Alltag greifbar, dass die Patientinnen und Patienten nicht nur einfach an Körper und Geist erkranken, sondern dass ihnen darüber hinaus das Heilsein verloren gegangen ist. Unheil sein bedeutet, die eigene Integrität verloren oder noch nie erlebt zu haben. Man ist nicht ganz. Man strebt zuerst das Gesundwerden der Person an, um damit die Voraussetzungen für das (Wieder-)Erreichen der Ganzheitlichkeit der Person zu schaffen. Wenn man Unfallopfer oder Opfer von schweren Erkrankungen betrachtet, die körperlich wieder in Ordnung sind, bedeutet das noch lange nicht, dass sie auch heil geworden sind.

Andererseits kann man manchen chronisch Kranken begegnen, die zwar nicht gesund werden können, jedoch aus dieser Krankheitserfahrung, aus der Katharsis der Verletztheit, in ein neues Heilsein gekommen sind. Sie sind in eine neue Integrität gekommen. Das Heilsein ist aus spiritueller Sicht die Erfüllung der Vaterunser-Bitte „Dein Reich komme". Es ist die Erfahrung der unmittelbaren Verbundenheit mit Gott, die von Jesus angestrebt wird, indem er Sünden vergibt. Beim Sünden-Vergeben geht es ja nicht um die Sünden als solche, sondern um eine Hilfe für Menschen, dass sie das, was zwischen ihnen und dem Göttlichen steht, wegbekommen können.

HG: Das Wort „Sündenvergebung" sagt den meisten nichts mehr. Im Hebräischen bedeutet Vergeben: tragen, mittragen, annehmen, Raum geben. Da klingt doch viel mehr mit. Die Vergebung, die Jesus zuspricht, ist eine wiedergewonnene Befähigung zum Leben. Jesus sagt dem Gelähmten sinngemäß: „Du darfst wieder sein, der du eigentlich bist, denn die Sünde hat dich entstellt!" Entscheidend ist der Akt des Zuspruchs: „Sei jetzt frei von allem Unheil, das du mit dir getragen hast und das deine Lebendigkeit verunmöglicht hat." Ich denke in diesem Zusammenhang gerne an eine ganz intensive Woche im Juli 1991 in Paray Le Monial. Unmittelbar nach meiner Priesterweihe durfte ich an diesem Wallfahrtsort im Burgund sehr vielen Personen das Sakrament der Versöhnung spenden. Sie kamen mit einer berührenden Offenheit, um mir als Priester „ihre Lähmungen" anzuvertrauen. Stundenlang habe ich zugehört und ihnen zusagen dürfen: „Ich spreche dich los von deinen Sünden!"

ML: Für die Männer, die den Gelähmten gebracht haben, war die erste Reaktion Jesu offensichtlich enttäuschend. Sie wollten, dass ihr Freund gesund wird. Jesus bietet aber Heilsein an, weil es tatsächlich darum geht und nicht primär um eine körperliche Gesundung. Viele von uns werden jedoch die Entfernung der körperlichen Lähmung als das größere Wunder einschätzen. Das Gegenteil ist der Fall. Das Vergeben der Sünden, die Versöhnung mit Gott ist das eigentliche Wunder. Das „restliche" Wunder geschieht auf dieser Basis. Das entspricht bei genauerer Betrachtung auch unserer persönlichen Erfahrung: Leichter als in sich heil zu werden, stellt sich eine körperliche Gesundheit ein. Auch ein wirtschaftlicher Erfolg, der durch Fleiß und Glück zustande gekommen ist, bedeutet noch nicht, dass der betreffende Mensch innerlich mit dem gesättigt ist, was er ursprünglich wollte. Oft ist das Gegenteil der Fall. Das heißt: Worum geht es also eigentlich? Jesus klärt auf.

HG: Und heilt die Lähmung des Herzens. Jede Form der Lieblosigkeit, also Sünde im eigentlichen Sinn, ist nicht nur eine Distanzierung von sich selbst, von Gott und vom Nächsten – also ein Bruch von Verbundenheit, sondern hat eine Lähmung zur Folge. Sünde heißt auf Lateinisch „peccatum", was so viel wie das Verfehlen eines Zieles bedeutet. Sünde hindert den Menschen an der vollen Entwicklung seines individuellen Menschseins, an der bestmöglichen Version seiner selbst.

Man kann das ganz einfach beobachten: Sünde macht alles kompliziert. Eitelkeit, Stolz, Neid, Eifersucht und Ähnliches von dieser Sorte machen jede Kommunikation kompliziert, jedes Umgehen miteinander schwierig. Es führt oft dazu, dass man alltägliche Abläufe in einer Gruppe von Kollegen, in der Familie oder Bekanntschaft nur sehr schwer koordinieren kann. Immer sind irgendwelche Befindlichkeiten im Spiel, Vorbehalte, Misstrauen und Vorwürfe. All das lähmt. Und ich frage mich oft, ob dieser Zusammenhang auch nicht für die institutionellen Abläufe in der Kirche gilt. Papst Franziskus hat uns jedenfalls ermutigt, auch das Thema der strukturellen Sünde in der Kirche kreativer anzugehen. Auch diese Sünde zeigt sich in der Lähmung. Denn: Sünde lähmt den normalen Ausdruck des Menschen, lähmt seine ursprüngliche Fähigkeit zu kommunizieren. Wie schon gesagt: Sünde macht alles kompliziert und führt letztlich zum Tod. Die intensivste Lähmung ist die tödliche Erstarrung. Sündenvergebung bringt erstarrtes Leben wieder in Bewegung. Genau da setzt Jesus an.

ML: Seit meiner Kindheit gefallen mir an dieser Bibelstelle zwei Bilder besonders. Einerseits die verblüffende Kreativität, einfach das Dach abzudecken und den Freund durch das Loch zu Jesus hinabzulassen. Das zeigt, wenn man wirklich das Heil anstrebt, muss man kreativ sein. Konzepte und Ideen, die man vorher fast wie ewig gültige Gesetze betrachtet hat, müssen gegebenenfalls ignoriert werden. Man muss einfach einmal das Dach abdecken, metaphorisch gesehen das eigene Dach, die eigenen Schutzmuster. Man muss riskieren, dass von oben alles reinkommt, auch das, was nicht so willkommen sein mag. Man muss sich sozusagen aussetzen.

HG: Ein sehr starkes Bild! Ja, man muss sich der eigentlichen Sonne wieder aussetzen, das heißt im konkreten Fall bildlich gesprochen lieber einen Dachschaden riskieren, als im Unheil zu verbleiben. Man muss sich Jesus aussetzen, um heil zu werden. Dies gilt für jeden Christen, jeden Amtsträger und auch für die ganze Kirche. Umgekehrt hat sich auch Jesus selbst exponiert, sich in unendlich vielen Momenten zum angreifbaren Außenseiter gemacht, zum „Freund der Fresser und Säufer", wie es einmal heißt. Er hat seinen eigenen Ruf, sein Ansehen und seine göttliche Integrität riskiert, um Verlorene in die Gemeinschaft mit Gott zurückzuführen. Er hat sich ausgesetzt – bis zum Verbrechertod am Kreuz, damit wir am Leben teilnehmen können.

ML: Das zweite Bild, das mich fasziniert, ist jenes, dass der Patient nicht nur geheilt ist und heimgeht, sondern beim Heimgehen sein eigenes Bett trägt. Das ist besonders schön! Zuerst trägt ihn das Bett und dann trägt er sein Bett. Und diese Kompetenz der Trageumkehr macht deutlich, dass er nicht nur von seiner Lähmung geheilt ist, sondern wirklich in seiner Kraft ist. Er ist sozusagen nicht nur in die Genesung hineingeheilt worden, sondern in die totale Gesundheit, in eine wiedererlangte Vitalität, eben in sein ganzheitlich menschliches Heilsein.

HG: Und er ging weg, Gott preisend. Er trägt nicht nur das Bett, sondern hat noch die Kraft, Gott zu preisen – gleichzeitig. Ein tatsächlich unfassbar vitaler Zustand. Ich habe das oftmals bei Beichten erlebt. Wenn dieses Sakrament seine heilende und befreiende Wirkung entfaltet, kommt eine unbändige Lebenskraft zurück. Das kann man erleben. Meistens spiegelt sich eine tiefe Freude auf den Gesichtern derer, die ihre Sünden bekannt und den Zuspruch der Vergebung erhalten haben. Vergebung entlastet und löst eine Unmenge von Verkrampfungen. Ich denke an einen Mann, der nach einer Beichte wieder weinen konnte. Ich denke an einen Suchtkranken, der seinen Selbsthass relativieren konnte. Nie ist ein Mensch so schön, wie wenn ihm verziehen wurde oder er anderen Verzeihung anbietet. Es sind viele Wunder, reale Wunder, die da passieren.

ML: Aber wie schön ist es, dass Jesus, dieser Unbequeme, nicht sofort auf die Erwartungen reagiert, wie sie da im Raum stehen, sondern nach seinem eigenen Algorithmus handelt, nicht nach dem Algorithmus ihrer Wünsche. Dadurch wird das Geschenk der Heilung noch schöner.

11

Die armen Schweine

Mk 5,1-17

Als Jesus aus dem Boot stieg, lief ihm sogleich von den Gräbern her ein Mensch entgegen, der von einem unreinen Geist besessen war. Er hauste in den Grabstätten. Nicht einmal mit einer Kette konnte man ihn bändigen. Schon oft hatte man ihn mit Fußfesseln und Ketten gebunden, aber er hatte die Ketten zerrissen und die Fußfesseln durchgescheuert; niemand konnte ihn bezwingen. Bei Tag und Nacht schrie er unaufhörlich in den Grabstätten und auf den Bergen und schlug sich mit Steinen. Als er Jesus von weitem sah, lief er zu ihm hin, warf sich vor ihm nieder und schrie laut: Was habe ich mit dir zu tun, Jesus, Sohn des höchsten Gottes? Ich beschwöre dich bei Gott, quäle mich nicht! Jesus hatte nämlich zu ihm gesagt: Verlass diesen Menschen, du unreiner Geist! Jesus fragte ihn: Wie heißt du? Er antwortete: Mein Name ist Legion; denn wir sind viele. Und er flehte Jesus an, sie nicht aus diesem Gebiet fortzuschicken. Nun weidete dort an einem Berghang gerade eine große Schweineherde. Da baten ihn die Dämonen: Schick uns in die Schweine! Jesus erlaubte es ihnen. Darauf verließen die unreinen Geister den Menschen und fuhren in die Schweine und die Herde stürmte den Abhang hinab in den See. Es waren etwa zweitausend Tiere und alle ertranken. Die Hirten flohen und erzählten es in der Stadt und in den Dörfern. Darauf eilten die Leute herbei, um zu sehen, was geschehen war. Sie kamen zu Jesus und sahen bei ihm den Mann, der von der Legion Dämonen besessen gewesen war, bekleidet und bei Verstand. Da fürchteten sie sich. Die es gesehen hatten, berichteten ihnen, wie es mit dem Besessenen und den Schweinen geschehen war. Darauf baten die Leute Jesus, ihr Gebiet zu verlassen.

HG: Das Herz des Menschen sehnt sich nach Zugehörigkeit. Kurz vor Weihnachten ist mir in der Innsbrucker Innenstadt, in der Nähe meines Hauses, ein älterer Mann aufgefallen. Er war offensichtlich verwirrt, auch ein wenig betrunken und fand nicht mehr zurück zu seinem Hotel. Im Trubel der Stadt verloren. Er stammte aus Südafrika und war mit einem Reiseunternehmen auf einer Viertagesreise „White Europe" – dabei einen Tag auch in Innsbruck. Nach mühsamen Recherchen konnten wir sein Hotel finden. Es gibt nicht nur diese „verlorenen" Touristen; Umherirrende, die sich in der heillosen Überfülle optimierter Reiseangebote nicht mehr auskennen. In unserer Wohlstandsgesellschaft besteht neben der überaus großen Not einer physischen Obdachlosigkeit mindestens so intensiv das Problem einer seelischen Obdachlosigkeit. Nicht selten kommen psychische Erkrankungen dazu.

ML: Aus meiner Sicht leidet der Mann, von dem die Bibel spricht, unter einer Psychose. Solche Zustände sehe ich häufig in meinem Berufsalltag. Das Problematische an psychischen Erkrankungen ist ja, dass jener Teil von uns erkrankt, der bei anderen Krankheiten dazu dienen kann, die Krankheit zu bewältigen. Psychisch Kranke sind aus diesem Grund durch ihr Kranksein in einer exponierten Situation. Sie sind ihrem Leidenszustand ausgeliefert. Daher gebührt ihnen unser besonderes Mitgefühl. Leider ist oft das Gegenteil der Fall. Psychisch Kranke sind stigmatisiert, nach wie vor. Das ist sehr herzlos. Du sprichst von der Sehnsucht nach Zugehörigkeit: Ja, Zugehörigkeit und Geborgenheit sind essenzielle Lebensmittel für uns Menschen. Das ist doch die tröstende Botschaft der Religion: Du bist verbunden. Du bist nie alleingelassen, auch wenn es sich jetzt in deinem Leben so anfühlen mag. Daher muss ein religiöser Mensch anderen diese Verbundenheit vermitteln, denn das Göttliche wird nicht zuletzt durch konkrete Menschen sichtbar, oder eben nicht.

HG: Der von einem „unreinen Geist" beherrschte Mensch muss doppeltes Leid ertragen. Er irrt im Unbewohnbaren umher. Er ist sozial vollkommen isoliert und ohnmächtig gegenüber dem unbändigen Verlangen, sich selbst zu quälen und zu zerstören. Der Leidende sucht die Begegnung mit Jesus. Er läuft zu Jesus hin und wirft sich vor ihm nieder. Er spricht nicht selbst, sondern der unreine Geist spricht durch ihn. Er nennt Jesus „Sohn des höchsten Gottes". Umgekehrt fragt Jesus den unreinen Geist nach seinem Namen. Und er antwortet: „Mein Name ist Legion; denn wir sind viele." Einer – und zugleich viele! „Legion" ist ein militärischer Fachausdruck, der die größte römische Heereseinheit mit bis zu 6000 Fußsoldaten bezeichnet.

ML: Die geschilderte Szene zeigt tatsächlich eine verblüffende Begebenheit. Sie beschreibt Jesus als Exorzisten, der den extrem autoaggressiven Mann behandelt. Offensichtlich handelt es sich, wie ich schon gesagt habe, um einen psychotischen Patienten, der, zusätzlich durch innere Stimmen gepeinigt, von psychomotorischer Unruhe gequält wird. Nachdem damals keine Psychopharmaka zur Verfügung standen, musste man ihn mechanisch bändigen, was auch heute noch manchmal als Zusatzmaßnahme notwendig ist. Aber Jesus sieht es naturgemäß aus seiner Warte anders und ortet einen Dämon in der Person, den er dann mittels eines Exorzismus austreibt und in eine Schweineherde hineinschickt.

HG: Der erfolgreiche Exorzismus setzt eine ungeheure negative Energie frei, die sich der armen Schweine bemächtigt. Sie stürzen den Abhang hinunter. Vielleicht steht die Schweineherde für die römische Besatzungsmacht, konkret für die Legio X Fretensis, die Jerusalem ab dem Jahr 70 besetzte und unter anderem einen Eber als Symbol trug. Das Schicksal der großen Schweineherde veranschaulicht in jedem Fall auf erschütternde Weise, wie gewaltig die Unheilsmacht war, die den leidenden Menschen beherrschte. Gezielt hervorgehoben wird in der Erzählung die starke Veränderung des Besessenen. Vorher ist er eine Bedrohung für die gesamte Umgebung und nachher sitzt er ordentlich bekleidet da, bei vollem Verstand. Man könnte meinen: Ende gut, alles gut. Doch die interessante Reaktion der Leute zeigt, dass ihnen die offensichtliche Übermacht Jesu unbequem geworden ist. Was hier vorgeht, ist ihnen nicht mehr geheuer. An der Person Jesu scheiden sich mehrfach die Geister.

ML: Der Dämon ist gemäß dieser Erzählung so stark, dass sich die psychomotorische Unruhe, die zuerst im Patienten war, in den Schweinen wiederfindet und alle in einer Art Massenpanik die Impulskontrolle verlieren. Einerseits ist es natürlich schön, weil dadurch der Patient geheilt wird. Auf der anderen Seite kommen 2000 arme Schweine um. Das ist bedauerlich. Zusätzlich erleben die Hirten ein Trauma, fliehen und erzählen die Geschichte in der Stadt und in den Dörfern. Daher und vielleicht auch nicht zuletzt deswegen, weil eine riesige Schweineherde zugunsten dieses therapeutischen Ereignisses umgekommen ist, bitten die Leute Jesus, ihr Gebiet zu verlassen. Jesus erschreckt sie mit seiner Macht. Es zeigt sich aber auch, wie kräftig der Dämon war. Er hatte das Potenzial, 2000 unschuldige Tiere in den Tod zu treiben.

HG: An mehreren Stellen wird in den Evangelien vom tödlichen Geschäft der Dämonen berichtet. Nach allgemein antiker Auffassung handelt es sich um lebensbedrohliche Mächte, die in den Menschen eingehen, von ihm Besitz ergreifen und sowohl körperliche als auch psychische Krankheiten verursachen können. Sie bewirken eine sukzessive Zerstörung des Menschen sowie seine Entzweiung mit sich selbst, mit seinem sozialen Umfeld und mit Gott. Die Dämonen – so lautet der Befund in allen Berichten des Neuen Testaments – wissen jedoch um die hoheitliche Macht Jesu. Sie müssen anerkennen, dass mit Jesus eine größere Macht am Werk ist. Im Vergleich mit ihm ist ihre Potenz verschwindend klein. Jesus tritt ihnen als der Anwalt des Menschen entgegen.

ML: Aus psychiatrischer Sicht ist natürlich das Konzept des Dämons, wie übrigens auch das des Exorzismus, kein schlüssiges. Jedoch erinnere ich mich an viele familiäre Konstellationen, in denen Probleme und innere Schemata oft transgenerativ übernommen werden, sodass viele Menschen beispielsweise die Depressivität und Trauer sowie die Ängste ihrer Eltern oder anderer Vorfahren in ihrem Leben realisieren. Es ist anzumerken, dass destruktive Schemata, die nicht im eigenen Leben entstanden sind, doch oft wesentlich im Leben von Menschen prägend sind. Das imponiert dann durchaus dämonisch.

HG: Mir scheint, dass man auch als aufgeklärter Mensch von einer dämonischen Wirklichkeit sprechen kann. Zumindest weiß ich als Priester und Seelsorger um diese dunkle Dimension. Ich erinnere mich an ein philosophisches Seminar während meines Studienaufenthaltes in München mit Paul Ricœur über den Begriff des Bösen. Der französische Philosoph hat es für mich überzeugend auf den Punkt gebracht: Wie auch immer man sich mehr oder weniger aufgeklärt dem beobachtbaren Phänomen des Bösen stellt, letztendlich bleibt ein Restbestand abgründiger Bosheit bestehen. Diese dunkle Wirklichkeit entzieht sich jeglicher Erklärung – wie auch immer man sie bezeichnet: Diabolos (Verwirrer), Satan, Teufel, „Lügner von Anfang an" oder „Ankläger des Menschen". Es verbietet sich trotzdem jegliche Übertreibung und Überbewertung des Bösen. Es wäre kontraproduktiv. Es ist wichtig, in allen Lebensvollzügen Gott vor Augen zu haben und nicht den Teufel. Sehr erfrischend diesbezüglich eine Aussage der heiligen Teresa von Ávila: „Ich verstehe diese Ängste nicht, die uns rufen lassen: Der Teufel, der Teufel! Wo wir doch rufen können: Gott, Gott!"

ML: Für jeden Einzelnen von uns ist es wichtig, sich von übernommenen negativen Schemata zu befreien, damit wir sie nicht in der Familiengeschichte weitergeben. Wir sollten versuchen, die letzten Epigonen der destruktiven Schemata zu sein und diesen Laden gleichsam endgültig zuzusperren. Insofern ist der Begriff der „Besetztheit" umzuinterpretieren. Aber auch Jesus drückt aus, dass wir nicht Opfer davon sein müssen. Meist sind wir ja von Gefühlen wie Neid, Geiz, Angst oder Rachsucht „besetzt". Ich sehe die armen Schweine als Inbegriff für die vielen armen Schweine, wobei der Begriff „arme Schweine" ein Synonym für Unglücksraben ist – Menschen, die das Unglück aufsaugen. Wir nehmen sozusagen Verletzungen und Unerlöstes in unserer Umgebung auf und tragen es zu unserem Verderben durch unser ganzes Leben. Bei den bösen Aspekten im Leben können wir manchmal eine Entropie der Phänomene erkennen: Das Böse kann, auch wenn es von einem persönlich „wegkommt", aber nicht verarbeitet wird, sich in etwas anderem realisieren. Umso mehr haben wir alle die Pflicht, mehr noch, die Verantwortung, uns von dem zu befreien.

HG: Man könnte sagen, die Freiheit des Menschen ist immer eine angefochtene. Die Bewohner könnten sich über ihren neuen Zustand freuen – endlich sind sie eine extreme Last und Bedrohung los. Aber sie wissen, dass sie jetzt auch keine Projektionsfigur für ihre eigenen Ängste haben, keinen Sündenbock, kein armes Schwein, dem man alles aufladen kann. Sie ahnen, dass sie nun als äußerlich befreite Menschen mehr Selbstverantwortung zu übernehmen haben. Ganz interessant, Freiheit wird ersehnt, aber auch gefürchtet.

12

Naiver Glaube

Mk 5,22-24.35-43

Während sie noch unterwegs waren, kamen Leute, die zum Haus des Synagogenvorstehers gehörten, und sagten: Deine Tochter ist gestorben. Warum bemühst du den Meister noch länger? Jesus, der diese Worte gehört hatte, sagte zu dem Synagogenvorsteher: Fürchte dich nicht! Glaube nur! Und er ließ keinen mitkommen außer Petrus, Jakobus und Johannes, den Bruder des Jakobus. Sie gingen zum Haus des Synagogenvorstehers. Als Jesus den Tumult sah und wie sie heftig weinten und klagten, trat er ein und sagte zu ihnen: Warum schreit und weint ihr? Das Kind ist nicht gestorben, es schläft nur. Da lachten sie ihn aus. Er aber warf alle hinaus und nahm den Vater des Kindes und die Mutter und die, die mit ihm waren, und ging in den Raum, in dem das Kind lag. Er fasste das Kind an der Hand und sagte zu ihm: Talita kum! Das heißt übersetzt: Mädchen, ich sage dir, steh auf! Sofort stand das Mädchen auf und ging umher. Es war zwölf Jahre alt. Die Leute waren ganz fassungslos vor Entsetzen. Doch er schärfte ihnen ein, niemand dürfe etwas davon erfahren; dann sagte er, man solle dem Mädchen etwas zu essen geben.

HG: Mitten in der Menge, also ganz öffentlich, spricht der Synagogenvorsteher seine extreme Notsituation an. Trotz seiner Stellung in der jüdischen Gemeinde scheut er sich nicht, in Jesus eine besondere Macht anzuerkennen, die eigentlich nur Gott zukommt. Mit Kniefall bittet er um die Heilung seiner Tochter, die im Sterben liegt. Sie ist zwölf Jahre alt, das heißt vor ihrer Reifung zur Frau. Genau an dieser lebensgeschichtlich wichtigen Schwelle liegt sie im Sterben. Es gibt keine Zukunft für sie und auch nicht für ihre Familie. Ohne zu zögern, geht Jesus mit. Jesus verfolgt kein Programm, kein Konzept, sondern stellt sich den Menschen und ihren Ausweglosigkeiten. Er weicht auch dem furchtbaren und scheinbar sinnlosen Sterben nicht aus. Die Situation verschärft sich durch die am Weg überbrachte Nachricht vom Tod der Tochter des Jairus. Noch bevor dieser auf die schockierende Nachricht reagieren kann, wird er von Jesus zum „Glauben" aufgefordert.

ML: Wenn man sich in den Synagogenvorsteher Jairus hineinversetzt, versteht man gut, warum er Jesus anfleht, zu ihm zu kommen. Wie viele Menschen, die an einer todbringenden Erkrankung leiden, wenden sich an Schamanen, Geistheiler und sonstige Heilsverkünder, selbst dann, wenn sie ein Leben lang stolz auf ihre Rationalität waren! So ist auch der angesehene Jairus bereit, jedes Ressentiment der Pharisäer gegenüber Jesus hinter sich zu lassen und ihn zu bitten, zu ihm zu kommen. Er glaubt, dass Jesus etwas für seine Tochter tun kann. Auf keinen Fall will er glauben, dass seine Tochter stirbt. Wenn wir existenziell bedroht sind, werden wir naiv. Der naive Mensch hält alles für möglich, schließt nichts aus. Wenn wir uns jedoch nicht existenziell bedroht fühlen, sind wir vernünftig und können erkennen, dass der naive Glaube unberechtigt ist. Wir stehen sozusagen der Welt gegenüber. Die Naivität bedeutet, dass wir in der Welt stehen und nicht ihr gegenüber.

Der Nachteil des Nicht-Naiven im täglichen Leben ist, dass er Vorstellungen hat, die Wunder ausschließen. Die Voraussetzung für die Möglichkeit in unserem eigenen Leben, Wunder erleben zu können, ist daher, sich die Möglichkeit zu erhalten, verwundert zu sein. Je gescheiter wir sind, desto weniger können wir verwundert sein. Je vernünftiger wir sind, desto weniger ist ein Wunder in unserem Leben zu erwarten. Ein Leben ohne Wunder ist ein Leben ohne Fülle, ohne Magie und ohne

Tiefe. Es endet an den Grenzen unserer Vorstellungen. Die Vorstellungen verwirklichen sich im eigenen Leben als selbsterfüllende Prophezeiungen. Ein Leben ohne Wunder ist ein Leben, das verarmt ist um jenen Teil der Zauberhaftigkeit, der jenseits unseres Verständnisses ist. Wir kommen mit dem Equipment unseres Verstandes im Leben nicht aus. Wir müssen die Grenzen unseres Verstandes aufreißen, auch dann, wenn wir es nicht notwendig haben, weil wir in einer existenziellen Krise sind. Jenseits des Verstandes sollten wir zu jener Naivität bereit sein, die uns über unser eigenes Leben staunen und uns ständig verwundert sein lässt.

HG: Bei der Ankunft im Haus fordert Jesus ziemlich energisch, die Trauerriten zu unterbrechen, weil das Kind ja nur „schläft". Für diesen wirklichkeitsverachtenden Befund wird er prompt ausgelacht. Für mich persönlich klingt in dieser angespannten Situation auch schon etwas von der Verspottung Jesu an, wie wir dies von der Erzählung seiner Leidensgeschichte kennen. Das Unverständnis der häuslichen Trauergemeinde provoziert Jesus zu einer noch größeren Entschiedenheit. Er wirft die Leute hinaus und nimmt nur einen exklusiven Kreis zur Begegnung mit dem toten Mädchen mit.

Offensichtlich reicht die vom Vater erbetene Handauflegung nicht mehr, denn Jesus ergreift die Hand des Kindes und spricht ihm in der Muttersprache Aramäisch zu: „Talita kum!" Sofort steht das Mädchen auf – aufgeweckt vom Tod. Gott ist am Werk, nur er kann Leben schaffen. Die Reaktion der Beteiligten ist fassungsloses Entsetzen. Die unerwartete Gottesnähe übersteigt ihre bisherigen religiösen Erfahrungsmuster. Das Unbequeme an Jesus ist die in ihm wirksame Nähe Gottes. Gleichzeitig kommt eine zutiefst menschliche Umsicht zum Vorschein, wenn er sagt: „Gebt ihr zu essen!" Jesus denkt als Erster an die Versorgung des Mädchens.

ML: Als Arzt bin ich jetzt natürlich nicht imstande, daran zu glauben, dass dieses Kind wieder von den Toten auferweckt wurde. Aber ich kann nachvollziehen, dass hier etwas passiert ist, was jenseits der vorstellbaren Konzepte der Anwesenden und Beteiligten möglich wurde. Diese Tatsache, dass etwas jenseits von dem passiert, was wir für möglich halten, ist das Wesen des Wunders.

HG: Der Glaube, der hier zum Tragen kommt, ist ein radikales Vertrauen Gott gegenüber. Es ist ein Glaube, dass es zur faktischen Wirklichkeit menschlicher Todesverfallenheit noch eine Alternative gibt. Jesus steht für diese Alternative. Er repräsentiert das Neue, ein Leben, das nicht mehr den Gesetzen des Todes unterworfen ist. Glaube legt eine Trotzdem-Kraft frei, die es dem Menschen erlaubt, der offenkundig harten Wirklichkeit zu trotzen. Wer glaubt, muss sich nicht vom Augenschein gefangen nehmen lassen. Glaube greift immer über die menschlich begrenzten Möglichkeiten hinaus. Glaube ist sozusagen immer von seinem Wesen her naiv.

Ich möchte ein Beispiel für einen „erfolgreichen" naiven Glauben hier einfügen. Auch wenn es nicht um eine Totenerweckung geht, ist es doch die Geschichte einer himmlischen Intervention, die zu denken gibt. In Absam, dem größten Marienwallfahrtsort Tirols, befindet sich seit 1797 ein extrem schlichtes, schwarz-weißes Bildnis Mariens – geheimnisvoll und unauslöschbar eingeprägt auf einem Stück Glas, das in einem nahe gelegenen Haus als Fensterscheibe diente. Die Kirche von Absam ist ein Ort, der von vielen Leuten zum Gebet aufgesucht wird. Eines Tages traf der Pfarrer dort auf eine Frau, die ziemlich glücklich zu sein schien und ihm freudig ihre Geschichte erzählte. Nachdem sie über fünf Jahre in ihrer Ehe kinderlos geblieben war, hätte sie sich entschlossen, wöchentlich zur Muttergottes nach Absam zu pilgern und mit ihr ein ernsthaftes Wort zu sprechen. Sie habe ihr erklärt, dass sie doch wohl wissen müsste, wie schön es sei, Mutter zu sein. Drei Monate hindurch habe sie dies getan – und siehe da, sie sei schwanger geworden. Jetzt sei sie gekommen, um sich für das gesunde Neugeborene zu bedanken. Der Pfarrer fragte sie, wann denn genau das Kind zur Welt gekommen sei. Sie antwortete am 17. Jänner. Als ihr daraufhin der Pfarrer erklärte, dass dies exakt der Tag der „Erscheinung" des Absamer Gnadenbildes sei, musste die Frau erneut vor Freude weinen. Solche Geschichten sind Belege für Gottes Augenzwinkern. Sie finden statt, meist ganz leise. Vielleicht braucht unser Glaube manchmal etwas mehr von dieser entfesselnden Naivität. Wenn sie Gott zum Lachen bringt, scheint mehr möglich zu sein – als bei allen verbissenen Jenseitsbeschwörungen und verbitterten Sturmgebeten. Paul Ricœur sprach von einer „zweiten Naivität". Diese ist der Ertrag eines langen menschlichen Reifungsprozesses und nicht ein Versatzstück, das aus der Kindheit in das Erwachsenenalter hinübergerettet werden muss.

ML: Am Schluss des Textes zieht mich eine erstaunliche Wendung an: das von Jesus deutlich formulierte Geheimhaltungsgebot. Es ist verständlich, denn jedes Wunder ist so etwas Heiliges, dass man mit der Kommunikation darüber sehr sorgfältig umgehen muss. Die Menschen, die bei der Auferweckung des Kindes dabei waren, werden natürlich in erster Linie einmal froh gewesen sein, dass das Kind lebt. Aber sofort werden sich auch folgende Gedanken breitgemacht haben: „Wer bin ich denn, dass ich dabei gewesen sein konnte? So etwas Tolles erlebt nicht jeder!" Eine solche Haltung würde das wunderbare Ereignis entwerten, gleichsam „säkularisieren". Die fast nebenbei formulierte Aufforderung zur Geheimhaltung des Wunders weist uns also darauf hin, die wirklich heiligen Aspekte unseres Lebens nicht zur narzisstischen Überhöhung des eigenen Egos zu missbrauchen. Wundersucht wäre die Folge, vielfach bekannt! Damit würde man im Nachhinein das vielfach Heilige in unserem alltäglichen Leben verweltlichen und entzaubern. Wenn der Glaube als Ersatz für Verstand und alle anderen Möglichkeiten des Machbaren angesetzt wird, ist das aus meiner Sicht eine falsche Naivität. Der Glaube darf erst jenseits der Grenze des Machbaren und Verstehbaren beginnen. Das ist ein entscheidender Punkt, denn sonst erzeugt der Glaube etwas Destruktives, Aggressives, wie es teilweise in esoterischen Lehren immer wieder erlebbar ist. Dieser falsche naive Glaube wird von Geistheilern und Gurus jeder Art gerne in profitablen Geschäftsmodellen ertragreich propagiert.

HG: Gegen Geistheiler jeglicher Art habe ich natürlich auch meine Vorbehalte, wie du dir vorstellen kannst. Mir ist da zu viel „Zauber" im Spiel, zu viele Sonderoffenbarungen und göttliches Wissen, wo es nichts zu wissen gibt. Wirklicher Glaube ist trockener, nüchterner und erdiger. Gerne würde ich jedoch die scheinbar so naiven Stoßgebete, die ganz banale, alltägliche Sorgen Gott anvertrauen, von dieser Kritik ausnehmen. Erstens weiß ich aus eigener Erfahrung, dass manchmal unserer Aufgeklärtheit zum Trotz diese Gebete erfüllt werden – man kann dies göttliche Fügung oder Vorsehung nennen. Stoßgebete sind kurze Momente des geistlichen Luftholens, um nicht im Getriebe alltäglicher Geschäftigkeit zu ersticken. Und zweitens bringen die Anrufungen der Gottesmutter, der Nothelfer und anderer „Spezialisten", ganz besonders auch die Gebete zum heiligen Antonius, trotz ihrer theologischen Unschärfe oft ein ganz tiefes kindliches Vertrauen zum Ausdruck. Ist das denn nicht wesentlich sympathischer als ein in die sterile Abstraktion getriebener Glaube der Gelehrten?

Der Glaube in der jüdisch-christlichen Tradition ist jedenfalls ein Sich-Verlassen auf Gott hin. Glaube ist damit kein höheres Wissen, auch nicht ein Gegenwissen. Glauben bedeutet mehr als nur Wissen. Wer glaubt, nimmt Bezug auf jene größeren Möglichkeiten, über die nur Gott verfügen kann. Insofern ist Glaube immer ein Eingeständnis eigener Begrenztheit – und zugleich Quelle einer realen Freude, dass über die harten Fakten unserer Wirklichkeit hinaus mehr möglich ist. Wir sind nicht Gefangene dieser Welt. Jetzt schon öffnet sich uns ein neues Leben. Jesus ist dieses neue Leben in Person. Der Glaube an ihn darf und muss manchmal auch naiv sein.

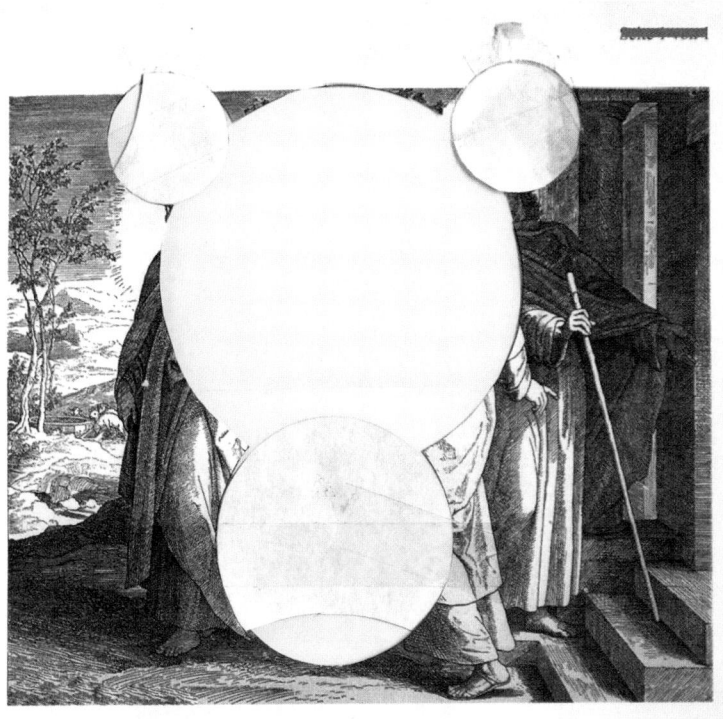

13

Heilsame Distanzlosigkeit

Mk 5,24b-34

Viele Menschen folgten Jesus und drängten sich um ihn. Darunter war eine Frau, die schon zwölf Jahre an Blutfluss litt. Sie war von vielen Ärzten behandelt worden und hatte dabei sehr zu leiden; ihr ganzes Vermögen hatte sie ausgegeben, aber es hatte ihr nichts genutzt, sondern ihr Zustand war immer schlimmer geworden. Sie hatte von Jesus gehört. Nun drängte sie sich in der Menge von hinten heran und berührte sein Gewand. Denn sie sagte sich: Wenn ich auch nur sein Gewand berühre, werde ich geheilt. Und sofort versiegte die Quelle des Blutes und sie spürte in ihrem Leib, dass sie von ihrem Leiden geheilt war. Im selben Augenblick fühlte Jesus, dass eine Kraft von ihm ausströmte, und er wandte sich in dem Gedränge um und fragte: Wer hat mein Gewand berührt? Seine Jünger sagten zu ihm: Du siehst doch, wie sich die Leute um dich drängen, und da fragst du: Wer hat mich berührt? Er blickte umher, um zu sehen, wer es getan hatte. Da kam die Frau, zitternd vor Furcht, weil sie wusste, was mit ihr geschehen war; sie fiel vor ihm nieder und sagte ihm die ganze Wahrheit. Er aber sagte zu ihr: Meine Tochter, dein Glaube hat dich gerettet. Geh in Frieden!

HG: Bevor ich auf die im wörtlichen Sinn berührende Erzählung eingehe, eine kurze Episode aus dem Alltag. Ich besuchte eine Schulklasse und setzte mich den zehnjährigen Kindern gegenüber auf den bereitgestellten Stuhl. Plötzlich kam ein Bub namens Kevin mit seinem kleinen Stuhl und setzte sich ganz, ganz nahe zu mir, sodass wir einander berührten. Die übrigen Kinder reagierten ein wenig verlegen auf diese Aktion von Kevin. Ich ließ ihn in dieser Position, weil ich schon ahnte, welche Sehnsucht ihn antrieb. Die Lehrerin hat mir später erklärt, dass er sehr an seinem Vater hing, der die Familie vor einem Jahr verlassen hat. Wo immer es möglich war, suchte er nun die Nähe zu männlichen Bezugspersonen. Instinktiv hat er mit kindlicher Direktheit versucht, damit seine innere Wunde ein wenig zu heilen.

Dieses persönliche Erlebnis führt in die Mitte der biblischen Erzählung: Jesus ist mit mehreren Notsituationen gleichzeitig konfrontiert. Er wirkt – sogar im Stress – Wunder. Auf dem Weg zum Haus des Jairus, dessen Tochter im Sterben liegt (siehe Kapitel 12), drängt sich in der Menschenmenge eine an Blutungen leidende Frau „von hinten heran". Ein regulärer Zugang zu Jesus war ihr verstellt. Zwölf Jahre dauert ihre Leidensgeschichte schon. Die schmerzvolle Behandlung der Ärzte hatte keinen Erfolg, ganz im Gegenteil. Auch finanziell ist sie bereits „ausgeblutet". Sie war darüber hinaus gesellschaftlich isoliert und permanent im Zustand der Unreinheit, was unglaubliche Belastungen zur Folge hatte. Jetzt ergreift sie inmitten der turbulenten Straßenszene die Initiative. Zu lange hatte sie sich vor den Menschen und vor Gott versteckt. Sie wollte Jesus nur berühren, einfach nur in Kontakt kommen. Die Berührung gelingt – und erweist sich als erfolgreich. Das Treiben der Menge wird nun von Jesus selbst energisch angehalten, denn er spürte, dass eine Kraft von ihm ausging. Er sucht allen Einwänden der Jünger zum Trotz die persönliche Begegnung.

Eine anonyme, göttliche Energie zu verströmen, ist ihm zu wenig. Jesus sucht den konkreten Menschen. Die geheilte Frau fasst aufgrund der energischen Nachfrage den Mut, sich zu „outen". Sie erzählt ihm die ganze Wahrheit. Durch die Anrede „meine Tochter" integriert sie Jesus nicht nur wieder in die Gesellschaft, sondern erklärt öffentlich ihre heilgewordene Beziehung zu Gott. Und Jesus bezeichnet ihren Glauben als entscheidenden Grund ihrer Rettung. Was ihr geschenkt wurde, ist weit mehr als „nur" eine körperliche Heilung.

ML: Das Besondere an dieser Geschichte ist, dass sich die Frau ohne das Einverständnis des Meisters die Heilung gestohlen, geraubt oder zumindest erschlichen hat. Man könnte überspitzt von einem Heilungsdiebstahl sprechen. Erstaunlich ist auch, dass das Heilsame von Jesus auch dann vorhanden zu sein scheint, wenn er selbst gar keine Absicht zu heilen hat. Seine Existenz ist heilsam. Existenz ist heilsam. In der Absichtslosigkeit des Heilungsprozesses, im Nicht-Intentionalen kann durch die im Hintergrund vorhandene Zuversicht der Frau Heilung geschehen. Das Heilsame von Jesus kann in ihr deutlich sichtbar werden.

Ein Gedicht von mir lautet: „Wir dürfen nichts zwischen uns sein lassen/Nichts/Wenn wir uns berühren wollen." In der Begegnung heilt die Berührung. In diesem Zusammenhang ist nicht die körperliche Berührung gemeint, obwohl die Metapher in dieser Bibelstelle so ist. Es geht um das „Angerührtsein" als existenzielle Grunddimension, die zu einer Metamorphose führen kann. Heilung passiert dann, wenn in uns eine Metamorphose stattfindet.

HG: Die Frau wollte mit Jesus in Berührung kommen. Was sich ereignet hat, wird wie eine anonyme Energieübertragung beschrieben, ein magischer Transfer von Kraft. Jesus ist damit nicht zufrieden. Er ermöglicht der Frau eine Begegnung, obwohl seine engsten Mitarbeiter, seine Jünger, ihm widersprechen: „Meister, das ist unmöglich, siehst du nicht, wie viele Leute sich um dich drängen?" Doch er besteht auf seinem Wunsch, weil er gespürt hat, wie eine Kraft von ihm ausströmte. Er hätte es dabei belassen können, aber er wollte dieser Frau begegnen. Nur in der persönlichen Begegnung vollendet sich das Wunder der Heilung. Glaube ist Begegnung mit Christus – nicht nur äußerlich, sondern in allen Höhen- und Tiefenschichten unserer menschlichen Existenz. Glaube ist weit mehr als nur die Voraussetzung für einen spirituellen Transfer göttlicher Energie.

ML: Ja, das ist der entscheidende Punkt. Man kann eine Paarbeziehung als einen gegenseitigen Heilungsversuch betrachten. Das funktioniert allerdings erst dann, wenn das Paar miteinander in Berührung ist und sich wirklich begegnet. Das Besondere der Kirche besteht in ähnlicher Weise darin, in vielfältiger Weise Berührung zu ermöglichen. Wenn sie das nicht schafft, hat sie ihre Kraft und Bedeutung verloren.

HG: Das ist hier auch angedeutet. Der enge Kreis um Jesus verstellt den Zugang zu ihm. Das ist eine sehr kritische Anfrage an uns als Kirche, ob wir Begegnungen mit ihm ermöglichen oder diese blockieren und verhindern. Auch durch eine kirchliche Geschäftigkeit kann dies passieren, durch eine Bürokratisierung von Seelsorge oder ein rein äußerliches Verwalten von Sakramenten – als ob die Sakramente Grenzmarker zum Abgrenzen und Ausschließen von Menschen wären. Mit welcher Selbstverständlichkeit haben wir die Mentalität des Ausschlusses verinnerlicht und tun uns schwer mit der vorsichtigen Korrektur, die Papst Franziskus in diesem Zusammenhang von der Kirche erwartet. Richtig ist, dass Sakramente Ereignisse von Inklusion sind, von Hereinnahme in eine konkrete Gemeinschaft – mit Gott und den Menschen. Die Frau wird von Jesus indirekt fast genötigt, ihre Geschichte zu erzählen. Jesus möchte damit deutlich machen: Trotz der Masse zählt letztlich nur der Einzelne, der zu einer Begegnung befähigt wird und berührt werden kann.

ML: Das Unbequeme an Jesus ist, dass er die unpersönliche Heilung, den unpersönlichen Profit für sich selbst nicht akzeptiert. Das heißt, Jesus besteht auf dem Bilateralen der Beziehung, von sich zu der Person. Das ganze Heil kann sich nur im Bilateralen zum Ausdruck bringen. Heilung ist ein Schöpfungsakt, etwas Kreatives. Zu diesem gehören mindestens zwei. Die Frau erzählt ihre Geschichte, erzählt ihre Rührung, erzählt den Dank. Erst als sie das gemacht hat, schließt Jesus die Heilung mit folgenden Worten ab: „Dein Glaube hat dich gerettet, geh in Frieden." Da wird deutlich, dass nicht Jesus geheilt hat, sondern die Berührung mit der Person Jesu die Menschen ermächtigt, in sich Wunder zu zuzulassen. Das heißt, die Wunderfähigkeit in jedem Einzelnen von uns kann durch die Berührung mit der Person Jesu aktiviert werden.

Ich habe einmal einen Geistheiler gekannt, der orientierungslose, instabile Menschen sehr angezogen hat. Er hat ihnen sozusagen erklärt, wie die Welt funktioniert. Ich bemerkte ihm gegenüber: „Wenn du das tust, dann fühlen sich die Menschen besser. Aber du bringst sie in eine Abhängigkeit zu dir, denn sie werden die Vorstellung entwickeln, ohne dich nicht leben zu können. Verzichte doch darauf, den Menschen ein zweites Ich anzubieten. Beschränke dich doch darauf, Menschen zu ermächtigen, ihr eigenes Potenzial zur Genesung und Heilung aktivieren zu lernen." Er hat mich nicht verstanden oder wollte mich nicht verstehen. Mein Einwand war eine Gefahr für sein Geschäftsmodell. Jesus hatte kein Geschäftsmodell. Er scheiterte exemplarisch und wusste das. Das führte damals und führt auch heute noch dazu, dass die berührten Menschen zu ihrer eigenen Kraft kommen. Wenn man es jetzt psychologisch ausdrücken würde: Es entsteht die Selbstrepräsentanz von Christus in einem.

HG: Es ist interessant, dass Jesus sich eigentlich nie um „Kunden" gekümmert hat, er wollte keine Anhängerschaft und schon gar keine Fangemeinde aufbauen. Er wollte Menschen zum Leben ermächtigen. Er tut dies in zahllosen Begegnungen, in denen die Grundstruktur menschlich-göttlicher Beziehungen sichtbar wird: Geistige Kräfte und Potenziale, die in uns schlummern, werden durch seinen Geist aufgeweckt. Wir sind ganz leer und ganz erfüllt zugleich. Wir sind immer auf Gottes Zuwendung angewiesen. Er ist und bleibt der ganz Andere – immer größer als unser menschliches Begreifen und dann doch wieder „fassbar", wie wir es von der Frau, die durch eine Berührung Jesu von ihren Blutungen befreit wurde, lernen konnten. Zugleich aber ist Gott uns und der Welt auch unüberbietbar innerlich. Niemals könnten wir uns selbst so nahe sein, wie er es uns ist – in allem vertraut und fremd.

14

Entwürdigende Demut

Mt 15,21-28

Jesus ging weg von dort und zog sich in das Gebiet von Tyrus und Sidon zurück. Und siehe, eine kanaanäische Frau aus jener Gegend kam zu ihm und rief: Hab Erbarmen mit mir, Herr, du Sohn Davids! Meine Tochter wird von einem Dämon gequält. Jesus aber gab ihr keine Antwort. Da traten seine Jünger zu ihm und baten: Schick sie fort, denn sie schreit hinter uns her! Er antwortete: Ich bin nur zu den verlorenen Schafen des Hauses Israel gesandt. Doch sie kam, fiel vor ihm nieder und sagte: Herr, hilf mir! Er erwiderte: Es ist nicht recht, das Brot den Kindern wegzunehmen und den kleinen Hunden vorzuwerfen. Da entgegnete sie: Ja, Herr! Aber selbst die kleinen Hunde essen von den Brotkrumen, die vom Tisch ihrer Herren fallen. Darauf antwortete ihr Jesus: Frau, dein Glaube ist groß. Es soll dir geschehen, wie du willst. Und von dieser Stunde an war ihre Tochter geheilt.

HG: Es gibt kaum eine Erzählung, in der so ungeschminkt berichtet wird, wie unhöflich sich Jesus verhalten kann – grob und abweisend. Eine kanaanäische Frau, also eine Nicht-Jüdin, schrie anhaltend und extrem nervend hinter Jesus her: „Hab Erbarmen mit mir, Sohn Davids!" Als Fremde sieht sie in ihm bereits den Messias. Sie bittet stellvertretend um Heilung für ihre Tochter, die von einem Dämon gequält wird. Jesus beachtet sie nicht. Die Jünger lassen sich zumindest aus der Ruhe bringen und bitten um eine Wegweisung der lästigen Person. Ähnlich wie der Patriarch Jakob, der in der Nacht mit dem Engel ringt, lässt sie nicht los, bis sie gesegnet wird. Die Antwort Jesu auf ihr Ansinnen ist jedoch verstörend – als ob er in die spätere Weite seines Denkens und Handelns erst hineinwachsen müsste. Er erklärt ihr, dass er nur zu den Verlorenen des Hauses Israel gesandt worden sei. Aber die Frau lässt sich nicht abschütteln. Sie macht einen huldigenden Kniefall und wiederholt ihre Bitte, aber auch diesmal nicht erfolgreich. Jesus verwendet zur Abwehr ihres Anliegens eine bildhafte Gegenüberstellung, die eine Demütigung der Sonderklasse darstellt. Die Ungläubigen, die Heiden, setzt er mit den Hunden unter dem Tisch gleich. Die Frau lässt sich in ihrer Replik auf diesen entwürdigenden Vergleich ein. Sie bleibt hartnäckig bei ihrer Überzeugung, dass auch die Heiden Anteil erhalten sollen an der Gabe Jesu. Mit ihrem letzten Aufgebot an Vertrauen erobert die kanaanäische Frau letztlich doch die Zuwendung Jesu und seinen bestätigenden Zuspruch: „Frau, dein Glaube ist groß." Unmittelbar darauf erfolgt die Heilung ihrer Tochter. Fast eine logische Folge auf ihren nicht zu domestizierenden Willen und ihren kühnen, unerschütterlichen Glauben.

ML: Mich erinnert der Text an Geschichten, die aus dem japanischen Zen-Buddhismus bekannt sind. In diesen wird berichtet, dass ein Mann, der Novize werden will, mitunter ein halbes Jahr oder ein Jahr vor der Schwelle des Tores des Klosters warten muss, bevor er aufgenommen wird. Er muss warten, ohne zu wissen, ob und wann er jemals eingelassen werden wird. Die Herzlosigkeit, mit der die Intention und die Motivation des Bewerbers beantwortet wird, kann ich in diesem Text wiederfinden. Nach meinem Verständnis der Zen-Geschichten dient diese Praxis nicht zuletzt einer Motivationsprüfung. In dieser soll und muss sich der hoch motivierte Bewerber wieder und wieder fragen, ob ihm der von ihm angestrebte Weg auch unabhängig von den Personen wichtig ist, die ihn im Kloster erwarten. Seine Motivation wird sozusagen einer radikalen Reinigung unterzogen. Um einen solchen Läuterungsprozess geht es auch im Bibeltext. Es wird klar, dass nur die schmerzhaft gereinigte Motivation Voraussetzung für den Heilungsprozess sein kann. Aus der Psychotherapieforschung wissen wir, dass die Heilserwartung, also die Motivation des Patienten, eine ganz große Rolle dabei spielt, ob der psychotherapeutische Prozess für ihn gedeihlich ausgeht oder nicht. Jesus schafft, absichtlich oder unabsichtlich, durch seine Reaktion eine solche Reinigung der Motivation und schafft damit die Voraussetzung für das Wunder der Heilung.

HG: Die Frau, die um Heilung für ihre Tochter bittet, beeindruckt durch ihre Demut. Sie akzeptiert es, zurückgestellt zu werden und auf die Erfüllung ihrer Bitte extrem lange warten zu müssen. Sie ist so etwas wie eine Leitfigur von Demut. Sie entfaltet ihre Kraft im Kleinsein. Demut (lat. *humilitas)* leitet sich vom Wort *humus,* Boden, ab. Demut bedeutet also: Am Boden bleiben beziehungsweise die menschliche Bodenhaftung nicht verlieren. Mit der Tugend der Demut wurde in der kirchlichen Frömmigkeitsgeschichte leider auch viel Schindluder betrieben. Ich nenne einerseits den fürchterlichen Frömmigkeitskitsch, jene gespielte, vorgetäuschte Demut, die Papst Franziskus mit der Bemerkung „Auch die Schweine gehen mit gesenktem Kopf" humorvoll kritisiert hat. Andererseits ist aber auch der Missbrauch von Demut zu nennen, in deren Namen Menschen in ihrem Willen und in ihrer Selbstachtung gebrochen wurden. Als Ideal dieser propagierten Demut wurde eine bedingungslose und kritiklose Unterwürfigkeit unter diverse Obrigkeiten verstanden. Im Grunde lässt sich wirkliche Demut nicht direkt anstreben. Sie ist eine Haltung, die man trotz der schon genannten Möglichkeit zum Missbrauch meist nur durch die Akzeptanz von Demütigungen erlernen kann. Dabei ist die Frage, ob man bereit ist, diese anzunehmen oder nicht. Demut gehört also nicht umsonst zu den großen Mutworten – wie Sanftmut, Langmut, Großmut und so weiter. Es ist der Mut, durchzuhalten, der Mut, auf jede Form von Gewalt in der Durchsetzung der eigenen Ziele zu verzichten.

ML: Für mich ist Demut der größte Mut, den man haben kann. Demut ist der Mut, auf das eigene Ego zu verzichten. Daher ist Demut immer für das eigene Ego entwürdigend. Umgekehrt formuliert: Demut ist der goldene Weg zu einem würdigen Leben. Würdig zu leben heißt, dem zu entsprechen, was einen ausmacht. Die Frage ist natürlich: Was macht mich wirklich aus? In der Demut entwürdigt man sein Ego und würdigt gleichzeitig das, was einen im Wesentlichen ausmacht. Der russische Regisseur Andrej Tarkowskij hat zur Deutung dieser Diskrepanz Folgendes gesagt: „Unerlässliche Bedingungen für den Kampf des Künstlers um die eigene Kunst sind der Glaube an sich selbst, die Bereitschaft zu dienen und die Kompromisslosigkeit." Im vorliegenden Bibeltext kommt das deutlich hervor. Die Frau aus Kanaan bleibt sich selbst treu, indem sie sich Jesus, der abweisend und arrogant wirkt, anvertraut. Dies entspricht viel mehr ihrem Wesen, als wenn sie auf die mehrfache Zurückweisung gekränkt und empört reagiert hätte: „Diesem Menschen nachzurennen, habe ich nicht notwendig. Das muss ich mir doch nicht bieten lassen!" Solche Reaktionen sind uns geläufig und sie mögen in gewissen Lebenssituationen einen eigentherapeutischen Wert haben. Aber genau diese Worte können auch Fallen im Leben sein, die uns um unser Heil bringen.

HG: Der Ausdruck Demut kommt von althochdeutsch *diomuoti*, „dienstwillig", also eigentlich „Mut zum Dienen". Was die Frau in der Erzählung so sicher macht und nicht in die Falle einer gespielten, theatralischen Demut tappen lässt, ist der Umstand, dass sie für ihre Tochter kämpft. Sie dient dem ersehnten Wohl ihrer Tochter. Sie fühlt diesen Auftrag. Es geht ihr nicht um ihre eigene Befindlichkeit, ihr Ansehen und ihre Gefühle. Der innere Auftrag macht sie stark und lässt sie die rohe Behandlung durch Jesus ertragen. Sie, als für die Juden „fremde" Frau, geht in ihrer Sorge für jemanden bis zur „Aufopferung" ihrer eigenen Würde. Sie ist in dieser faszinierenden Haltung des unbedingten Eintretens für jemanden eine authentische Jesus-Gestalt. Sie lebt nicht mehr für sich.

Mir fällt in diesem Zusammenhang der Film „Breaking the Waves" aus dem Jahr 1996 ein. Der vielfach ausgezeichnete Film des dänischen Regisseurs Lars von Trier schildert ein leidenschaftlich liebendes Paar, das in der Nähe einer Ölbohrplattform, wo der Mann zu arbeiten hatte, heiratet. Die Frau will im Glück ihrer Ehe ganz nahe bei ihm sein. Leider verunglückt er kurze Zeit nach der Hochzeit und ist für sein Leben querschnittgelähmt. Sie lässt dennoch nicht von ihm. Mit derselben leidenschaftlichen Liebe wie zuvor hält sie es bei ihm aus und pflegt ihn – obwohl er sie ständig mit einer verbalen Brutalität, mit Worten und Bildern davon abbringen will. In seiner Vorstellung soll sie sich wieder frei machen und einen anderen Mann suchen. Er fügt ihr damit extremes Leid zu. Sie hat sich bis zur Selbstausbeutung für ihn aufgeopfert – letztlich missbraucht und verworfen von den angeblichen Freunden ihres trotz allem geliebten Mannes. Eine ganz eigenartig berührende Christus-Figur. Nur durch die Demut geben wir einander den respektvollen Raum, um frei sein zu dürfen.

ML: Wie du schon gesagt hast, sollte man den eigenartigen Demutskitsch, den wir leider aus unserer kirchlichen Tradition kennen, unbedingt vermeiden. Es handelt sich um eine Form von Arroganz und Aggressivität, die in ihrer Doppeldeutigkeit schwer erträglich ist.

HG: Pierre Goursat, der Gründer der Gemeinschaft Emmanuel, hat einmal gesagt: „Wirkliche Demut heißt, sich keine Sorgen zu machen." Ein starkes Wort, denn wir leben vorzüglich und meist zwanghaft in der Sorge, das heißt in unserem Entwurf von Zukunft, die wir möglichst unbeeinträchtigt durchsetzen möchten. Das macht Stress und produziert Ängste. Demut hingegen hat mit Vertrauen zu tun – sich der unbegreifbar großen Liebe anzuvertrauen, die in allem wirkt.

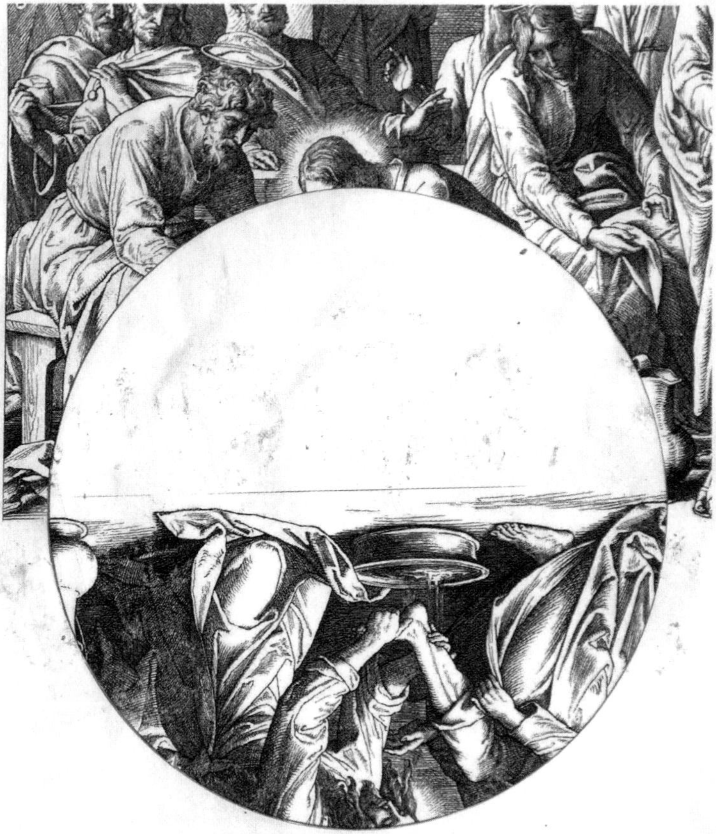

15

Das Gesetz brechen

Mt 12,7-14

Jesus sagte: Wenn ihr begriffen hättet, was das heißt, *Barmherzigkeit will ich, nicht Opfer*, dann hättet ihr nicht Unschuldige verurteilt; denn der Menschensohn ist Herr über den Sabbat. Von dort ging Jesus weiter und kam in ihre Synagoge. Und siehe, dort saß ein Mann, dessen Hand verdorrt war. Sie fragten ihn: Ist es am Sabbat erlaubt zu heilen? Sie suchten ihn nämlich anzuklagen. Er aber sprach zu ihnen: Wer von euch, der ein einziges Schaf hat, wird es nicht packen und herausziehen, wenn es ihm am Sabbat in eine Grube fällt? Wie viel mehr ist ein Mensch als ein Schaf? Darum ist es am Sabbat erlaubt, Gutes zu tun. Dann sagte Jesus zu dem Mann: Streck deine Hand aus! Er streckte sie aus und die Hand wurde wiederhergestellt – gesund wie die andere. Die Pharisäer aber gingen hinaus und fassten den Beschluss, Jesus umzubringen.

HG: Barmherzigkeit hat für Jesus oberste Priorität, sie steht im Zentrum seiner Verkündigung und Lebenspraxis. Nicht Opfer! Barmherzigkeit ist im Vergleich mit allen Sabbatgeboten und im Vergleich mit allen Kultvorschriften das wesentlich Größere, sie ist eine Aufgabe und Herausforderung nicht zuletzt auch in unserer „tribunalisierten Gesellschaft". Klagen und Anklagen, Fordern und Einklagen haben permanent Saison. Ich erinnere mich an einen Fall, bei dem zwei Kinder im Park beim Spielen in einen heftigen Streit gerieten und sich gegenseitig ziemlich verprügelten. Die dazugehörigen Eltern versuchten nicht, den Kindern ihre eigene Verantwortung für eine angemessene Beilegung des Konflikts bewusst zu machen. Im Gegenteil: Sie bemühten einen wahnwitzigen Rechtsstreit mit teuren Anwaltskosten. Es ging ihnen darum festzustellen, wer von den beiden Kindern zu Unrecht zu Schaden gekommen sei. Auf allen Linien lächerlich, aber fast typisch für unsere Zeit. Hausverstand, Gelassenheit und die Bereitschaft zur Versöhnung bleiben auf der Strecke.

Zurück zur Erzählung: Jesus erklärte sich selbst zum „Herrn über den Sabbat". Nicht zuletzt aufgrund dieser unerhörten Behauptung kommt es in der Synagoge zu einer extrem harten Konfrontation. Die Frage der Pharisäer, ob eine Heilung an einem Sabbat erlaubt sei, war nicht mehr als ein Vorwand. Ihre Intention war es, Jesus anzuklagen. Anders als die erzürnten Fragesteller sieht Jesus den Mann mit der verdorrten Hand in einer akuten Notsituation. Er braucht dringend Hilfe. Das Sabbatgebot ist demgegenüber zweitrangig.

ML: Auffällig ist die Unbarmherzigkeit, mit der Meinungen und Positionen vertreten werden. An und für sich haben ja alle Meinungen etwas für sich und können erwogen werden. Die Unbarmherzigkeit verleiht ihnen dann eine potenziell katastrophale Destruktivität. In einem seiner Bücher über Barmherzigkeit, die Papst Franziskus mit einem Journalisten verfasst hat, hieß es sinngemäß im ersten Manuskript: „Wer seine Sünden bereut, dem ist schon vergeben." Sünde ist die Differenzierung des Menschen von seinem Gott. Die Beziehung Gottes zu einer Lieblingstochter oder zu einem Lieblingssohn wird uns von Jesus als Liebesbeziehung beschrieben. Wir sind alle Gottes Lieblingskinder. Differenzierung in Liebesbeziehungen ist der größtmögliche Schmerz.

Es klingt eigenartig, aber wirklich verletzt sind wir nur im Liebeskummer. Liebeskummer meint aber nicht die narzisstische Verzweiflung, wenn der andere uns beim Verlassen zuvorgekommen ist, oder ähnliche Zustände. Als der Papst das Manuskript gelesen hatte, meinte er, man müsse es noch einmal umschreiben. „Wenn einer seine Sünden nicht bereut, aber sie bereuen möchte, dann ist ihm auch schon vergeben." Der Papst versteht die Barmherzigkeit Gottes als so umfassend, dass er einsieht, dass selbst der ehrliche Wunsch zu bereuen, der Wunsch nach Nähe, bereits alle Schuld vergilben lässt, wie eine alte Schrift, die man nicht mehr lesen kann.

HG: Der Mann mit der verdorrten Hand repräsentiert den Menschen, der nicht mehr gestaltend in das Leben eingreifen kann. Er ist zu einem permanenten Sabbat, zu einem unfreiwilligen Untätigsein verdammt. Gemäß jüdischer Tradition ist jedoch der Sabbat ein Tag der befreienden Unterbrechung aller Herrschafts- und Knechtsverhältnisse. Warum also nicht auch diesen Mann – genau an diesem Tag – mit einer neuen Freiheit beschenken? In der Erzählung ist die Enttäuschung Jesu ganz deutlich zu spüren. Für ihn ist klar, dass gerade am Sabbat Gottes Heilung und Neuschöpfung mit der verwundeten Kreatur stattfinden muss. Die Begründung lautet: Da an diesem Tag Gott selbst angesichts des vollendeten Werkes geruht hat, wird an jedem Sabbat die Weltordnung Gottes bestätigt. Falls sie gestört oder verletzt wurde, wird sie wieder heil gemacht. Die Selbstständigkeit und Gestaltungsfähigkeit des beeinträchtigten Menschen muss aus diesem Grund wiederhergestellt werden.

Es ist „von der Sache her" notwendig, auch wenn dafür ein Gesetz zu brechen ist. Jesus setzt demonstrativ die Heilung und ermächtigt damit den Mann, sein Leben wieder selbst in die Hand zu nehmen. Der lebendige und nicht der in Erstarrung verkümmerte Mensch ist Gottes Herzenswunsch! Jesus handelt aus einer unglaublichen Freiheit heraus und mutet diese auch seiner Zuhörerschaft zu. Er demonstriert, dass das Gesetz nicht über dem Menschen stehen darf, sondern dem Menschen zu dienen hat. „Der Sabbat wurde für den Menschen gemacht, nicht der Mensch für den Sabbat", sagt Jesus bei einer anderen Gelegenheit (Mk 2,27). Falls notwendig, ist zugunsten einer größeren Liebe und Barmherzigkeit auch ein Gebot zu brechen.

ML: Die Heilung der erschlafften Hand ist also nur der Form nach, jedoch nicht sinngemäß ein Brechen des Sabbats. Ein wirkliches Brechen des Sabbatgebots kann in dieser zugegeben idealistischen Konzeption nur etwas sein, bei dem das Ego eines Menschen durchschlägt. Also Handlungen aus Respekt- oder Lieblosigkeit gegenüber dem Gebot Gottes. Für mich erschließen sich die Heilungen Jesu am Sabbat als reine Antwort in Liebe auf eine vorgefundene Unheilsituation. Heilung vollzieht sich dabei als ein zutiefst kommunikativer Akt. Diese Unterscheidung ist den Pharisäern unbekannt. Sie verwirrt auch uns immer wieder in unserem eigenen Leben. Auf der einen Seite brauchen wir gesetzliche Vorgaben und müssen sie beachten, weil wir uns sonst auf nichts und auch nicht aufeinander verlassen könnten. Gesetze garantieren im gesellschaftlichen Zusammenleben Rechtssicherheit. Auf der anderen Seite brauchen wir die Liebe, damit wir möglichst immer in Berührung miteinander leben und dieser daraus wachsenden Beziehung gerecht werden. Die Gemeinschaft wird nämlich nicht durch die äußere Form, sondern nur durch die in ihr möglichen Berührungen stark.

HG: Ausgeführt wird dies auch durch den Bildvergleich mit dem Schaf, das in eine Grube gefallen ist. Ganz selbstverständlich würde man es auch am Sabbat herausziehen. Man spürt die innere Enttäuschung Jesu, dass sich die Frommen und Gesetzestreuen nicht mitfreuen können. Es fehlt ihnen der innere Einklang mit dem befreienden Wirken Gottes. Sie verbarrikadieren sich selbst hinter einer Formalistik des Gesetzes, die keinen Spielraum für das befreiende Tun Gottes lässt. Pharisäische Schriftgelehrte zählten 39 am Sabbat verbotene Arbeiten. Sabbatverletzung nach einer Verwarnung ist nach ihrer strengen Auffassung ein Kapitalverbrechen. Um diesen Wahnsinn nur irgendwie aufzulösen, muss Jesus „das Gesetz brechen". Er will ein für alle Mal ein Exempel statuieren, dass der Mensch für Gott leben muss und nicht für das Gesetz.

ML: Das ist auch meiner Interpretation nach die Grundidee der Barmherzigkeitstheologie von Papst Franziskus, dem immer wieder vorgeworfen wird, dass er nichts weiterbringt, weil er keine Regeln verändert. Dem aber auf der anderen Seite auch vorgeworfen wird, dass er die Regeln einer Erosion preisgibt. Wenn wir jedoch diese Textstelle verstehen und nach ihr leben wollen, bleibt uns nichts anderes übrig, als im Sinne der Dialektik des Gesetzes und der Ordnung der Liebe unser Leben zu führen. Jesus mutet uns für unser Verhalten uns selbst und den anderen eine gewisse Unschärfe zu. Das ist ein durchaus unbequemer Anspruch von Jesus, da manche diese Unschärfe als unerträglich empfinden.

HG: Unser ganzes Leben ist eine Einübung in diese zugemutete Freiheit. Die Gebote Gottes sind in ihrem Ursprung nicht Einschränkungen von Freiheit, sondern Grenzmarkierungen, um Freiheit für alle zu ermöglichen und zu erhalten. Die Einleitung zu den Zehn Geboten lautet sinngemäß: Weil dich Gott aus der Knechtschaft herausgeführt hat, wirst du dich nicht wieder in falsche Abhängigkeiten begeben; weil dir das Leben geschenkt wurde, wirst du weder töten, stehlen noch begehren deines Nächsten Frau und Gut usw. Die Gebote Gottes dienen in ihrer ursprünglichen Gestalt der Ermöglichung von Leben in Freiheit und haben keinen Selbstzweck. Dasselbe gilt hoffentlich auch für die reiche Palette ziviler Gesetze – und ganz bestimmt auch für kirchliche Verordnungen. „Barmherzigkeit will ich, nicht Opfer!" Das ist ein Satz, der die gesamte Botschaft Jesu in sich enthält. Oftmals ist eine tief sitzende Angst vor Gott oder vor dem Leben die Ursache, dass sich Menschen auf Buchstaben, Sicherheiten und äußerliche Ordnungen fixieren. Es bleibt immer die Hoffnung, dass in irgendeiner Weise ein Durchbruch zum Leben geschenkt wird, eine Öffnung für die lebendige Liebe.

16

Die Verwechslung von innen und außen

Mk 7,5-8.14-23

Die Pharisäer und einige Schriftgelehrte fragten Jesus: Warum halten sich deine Jünger nicht an die Überlieferung der Alten, sondern essen ihr Brot mit unreinen Händen? Jesus antwortete ihnen: Der Prophet Jesaja hatte Recht mit dem, was er über euch Heuchler sagte: Dieses Volk ehrt mich mit den Lippen, sein Herz aber ist weit weg von mir. Vergeblich verehren sie mich; was sie lehren, sind Satzungen von Menschen. Ihr gebt Gottes Gebot preis und haltet euch an die Überlieferung der Menschen.

Dann rief Jesus die Leute wieder zu sich und sagte: Nichts, was von außen in den Menschen hineinkommt, kann ihn unrein machen, sondern was aus dem Menschen herauskommt, das macht ihn unrein. Darauf verließ er die Menge und ging in ein Haus. Da fragten ihn seine Jünger nach dem Sinn dieses rätselhaften Wortes. Er antwortete ihnen: Begreift auch ihr nicht? Versteht ihr nicht, dass das, was von außen in den Menschen hineinkommt, ihn nicht unrein machen kann? Denn es gelangt ja nicht in sein Herz, sondern in den Magen und wird wieder ausgeschieden. Damit erklärte Jesus alle Speisen für rein. Weiter sagte er: Was aus dem Menschen herauskommt, das macht ihn unrein. Denn von innen, aus dem Herzen der Menschen, kommen die bösen Gedanken, Unzucht, Diebstahl, Mord, Ehebruch, Habgier, Bosheit, Hinterlist, Ausschweifung, Neid, Lästerung, Hochmut und Unvernunft. All dieses Böse kommt von innen und macht den Menschen unrein.

HG: Die Jünger erregen Anstoß wegen einer Leichtfertigkeit. Auf die vorwurfsvolle Frage der Pharisäer antwortet Jesus zuerst mit einem Wort des Propheten Jesaja. Schon diese anerkannte Autorität übte Kritik an einer Gottesverehrung, bei der „das Herz weit weg" ist von Gott und die „Satzungen von Menschen" einen unangemessenen Stellenwert einnehmen. Neben dem Gesetz Gottes, der schriftlichen Tora, war den Pharisäern und ihrer Anhängerschaft die mündliche „Überlieferung der Alten" von höchster Bedeutung. Sie bildet im orthodoxen jüdischen Verständnis einen Zaun um die göttlichen Gebote. Wie wir wissen, sind Zäune wichtig und gefährlich zugleich. Sie müssen einen Raum sichern, dürfen jedoch den Zugang zum Eigentlichen nicht kategorisch verhindern.

Die strenge Befolgung der Überlieferung sollte ursprünglich die Relevanz des göttlichen Gesetzes für die Heiligung des Alltags sichern – also einen Freiraum garantieren, in dem es zu einer Begegnung des Menschen mit Gott kommen kann. Das krampfhafte Festhalten an den tradierten Vorschriften verhindert jedoch eine solche Begegnung. Das Wort Gottes wird seiner Unmittelbarkeit und Lebendigkeit beraubt. Eine gefährliche Verwechslung hat sich eingeschlichen, die Jesus ganz energisch kritisiert. Der äußerliche Zaun, der ausschließlich eine dienende Funktion hat, ist wichtiger geworden als der zu schützende Innenraum. Wenn sich der Mensch in seinem Innersten von Gott nicht mehr berühren und damit auch in seinem Tun stören lässt, nützen alle äußerlichen Konformitäten mit dem Gesetz nichts. Das gilt in dieser Schärfe für alle kirchlichen Richtlinien und Vorschriften. Sie sind und bleiben Orientierungshilfen.

ML: Auf der anderen Seite denke ich mir oft, dass es vielleicht ein Fehler gewesen sein mag, das Fastengebot des Verzichts auf Fleisch an jedem Freitag aufzulösen. Der fleischlose Freitag war ein Symbol für eine gewisse innere Haltung. Wenn Formen ganz wegfallen, fällt die Erinnerung an das, was innen mitschwingen soll, vielleicht auch weg. Jedoch leiden fast alle Institutionen mit der Zeit an der Erstarrung, dass die Äußerlichkeiten, die den Rahmen für das Wesentliche bieten sollen, dem Wesentlichen den Rang ablaufen. Es ist eine Tragödie, wenn man sieht, wie etwas, was lebendig war, hohl wird.

Jesus ist in gewisser Weise antiinstitutionell, sicher auch antiklerikal. Eine ziemliche Herausforderung für alle, die mit der Kirche mehr verbunden sind als mit dem Christentum. Ich werde manchmal gefragt: „Wozu brauche ich die Kirche? Ich habe ja auch so meinen Glauben." Diese Menschen stellen den Wert der Christengemeinschaft infrage. Natürlich ist es kein Wunder, dass sie sich nach 2000 Jahren schon sehr institutionalisiert hat. Dem entgegen könnte man allerdings neben vielem anderen auch sagen: „Die Kirche braucht es nicht zuletzt vielleicht zur Erinnerung an das, worum es geht." Dann wären wir wieder dort, wo die Struktur Sinn ergibt.

HG: Das Judentum zeichnet sich durch eine Fülle von Geboten und Verboten aus, die für einen Außenstehenden schwer zu begreifen sind. Die vielen Reinigungsvorschriften, Anweisungen betreffend die Auswahl und Zubereitung von Speisen sowie die Richtlinien für den Sabbat und das Gebet: Es gibt keinen Bereich des Lebens, der nicht durch Gottes Gesetz geregelt wäre. Richard Ames, der unerwartet früh verstorbene Kantor der jüdischen Gemeinde in Graz, hat auf die Frage, warum es im Judentum denn so viele Gebote und Verbote gäbe, höchst geistvoll und prägnant geantwortet: „Damit wir uns von Gott in unserem Alltag stören lassen." Mich hat diese positive Begründung sehr beeindruckt. Momente der Störung, damit die innere Aufmerksamkeit für Gottes Gegenwart nicht erlischt. Das wäre, salopp gesagt, der Sinn der Übung.

Wenn es nicht so ist, sind wir genau beim Anlass zur Kritik, die Jesus vorgetragen hat. Äußerlich entspricht der Mensch den Geboten, aber in seiner Herzenshaltung ist er weit weg von Gott. Die äußerliche Korrektheit kann Gott und dem Nächsten gegenüber wie ein Schutzschild sein, um sich nicht der Herausforderung einer Beziehung stellen zu müssen. Wir dürfen diesbezüglich nicht vergessen, dass sowohl die katholische Morallehre als auch die liturgischen Vorschriften sich in der jüngsten Vergangenheit in einer unheilvollen Kasuistik verloren haben. So hat auch die Kirche unzählige Gebote gehabt, durch die eine Nähe zu Gott und seinem Willen vorgegaukelt wurde. Ich denke darüber hinaus auch an unzählige Menschen, die Gefangene ihrer bürgerlichen Korrektheit geworden sind. Das wirkliche Problem sind die „schmutzigen" Herzen und jene Personen, die sich die Hände nie schmutzig machen wollen. Sie haben dadurch eine gewisse Lebensfreude und Lebenslust schon längst verloren. Sie wollen sich mit einem untadeligen, nicht selten auch frommen Funktionieren Gott und den Nächsten vom Leibe halten. Seelsorge im Sinne Jesu ist Ermutigung zur Nähe. Im Laufe des Gesprächs verlagert Jesus das Thema „unrein" aus dem Bereich der Speisevorschriften in den generellen Bereich menschlichen Verhaltens. Innen und außen dürfen nicht verwechselt werden!

ML: Es gibt natürlich eine sehr starke Neigung, innen und außen zu verwechseln. Wenn sich etwa zwei Menschen lieben, werden sie vielleicht irgendwann einmal beschließen zu heiraten. Sie spüren die Liebe als große Verbundenheit. Das führt dann dazu, dass sie sich auch in der Öffentlichkeit als Paar deklarieren möchten. Sie gründen eine Institution, ihre Ehe. Ich spreche jetzt nicht vom religiösen Charakter der Ehe. Dann passiert in vielen Ehen etwas Schreckliches: Gerade die Institutionalisierung vermittelt so viel Verbindung, dass viele vergessen, genau auf das zu schauen, was das Wesen der Ehe ausmacht: nämlich die Liebe. Die Form wird wichtiger genommen als der Inhalt, der Rahmen ist wichtiger als das Bild und nicht umgekehrt. Zwei Menschen lieben sich. Die Liebe ist anarchisch. Man muss sie zwar pflegen, hat jedoch keine Verfügungsmacht über den anderen. Jeden Tag sagt man freiwillig „Ja" zum anderen. In der Ehe kann es passieren, dass die Ehepartner einander zu Möbelstücken werden, an die man sich nur allzu sehr gewöhnt hat.

An diesem Beispiel wird klar, dass mitunter die Grundidee der größte Feind der Institution ist. Auch Religionsgemeinschaften institutionalisieren sich regelmäßig. Dadurch grassiert in allen Religionen ein gewisser Klerikalismus. Im Falle des Christentums führt der Klerikalismus dazu, dass seine Grundidee zur Bedrohung wird. Die Du-Haftigkeit der Beziehung einer Person zu Gott ist der Kern der Jesus-Botschaft. Der Klerikalismus sieht seine Definitionsmacht durch diese persönliche Liebesbeziehung in Gefahr und fühlt sich natürlich bedroht. Das betrifft nicht nur die Religion, jede Institutionalisierung kennt diese Gefahr: nämlich, dass der Rahmen den Inhalt überlagert. Das ist die Verwechslung von innen und außen.

Ich habe das auf meine Beziehung zu mir selbst übertragen und erkannte, dass meine Gefühle so etwas wie Institutionalisierungen sind –

emotionale Reaktionsbilder wie Empörungsbereitschaften, Verärgerungstendenzen und anderes. Die stören dann das, wodurch sie entstanden sind: das Fühlen. So entsteht ein sonderbares Phänomen. Es kommen manchmal Menschen zu mir, die sagen, sie seien traurig, weil ihnen etwas verloren gegangen ist, und sie wirken auch traurig. Im Laufe des Gesprächs bemerke ich aber, dass sie das, was sie verloren haben, zum Beispiel eine Beziehung, seit vielen Jahren nicht mehr geschätzt haben. Eigentlich müssten sie froh sein, sie endlich los zu sein. Sie haben jedoch das Gefühl der Trauer so in sich institutionalisiert, dass es automatisch erlebt wird, wenn etwas verloren geht. Ich mache sie dann darauf aufmerksam, dass es nicht verständlich ist, dass sie traurig sind, sondern dass ich in diesem Fall eher eine Erleichterung als Trauer erwartet hätte. Plötzlich ist die Trauer weg. Sie sind erleichtert, weil ich sie ermutige, zu fühlen. Unsere Gefühlsstrukturen können also Institutionalisierungen in uns darstellen, die die Grundidee des Gefühls, nämlich dass man fühlt, infrage stellen. Nur mehr sterile Gefühlsschemata. Das ist eine Parallelität zu Institutionen. Auch das ist eine Verwechslung von innen und außen.

HG: Diese wird gerade beim Thema der vorgeschriebenen Waschungen ganz deutlich: Der Betroffene meint, mit einem äußerlichen Ritus der Reinigung vor Gott Reinheit zu erlangen. Aber in Wirklichkeit ist im Inneren davon nichts angekommen, keine Reinigung, die in die Seele hineinreicht. Die äußerliche symbolische Handlung hätte eine Wirkung auf die Seele des Menschen stimulieren sollen. Leider ist diese Korrelation verloren gegangen. Das äußerliche Befolgen ist zu einem Paravent geworden, hinter dem sich der Mensch versteckt. Jesus hat diesen Paravent weggeräumt, damit sichtbar wird, worum es geht. Das ist seine Radikalität.

ML: In meiner Kindheit habe ich noch die sogenannte Volkskirche mitbekommen. Das war für viele auch eine Kirche als Paravent. Die Kirchen waren voll. Weil es heutzutage nicht mehr gesellschaftliche Usance darstellt, gehen die Menschen hauptsächlich in die Kirche, um der Verbundenheit mit ihrem Gott einen besonderen Übungs- und Erinnerungsraum zu geben. Ignatius von Loyola, der Gründer des Jesuitenordens, hat das Stundengebet für seine Kongregation abgeschafft. Anstelle dessen hat er als geistliches Prinzip ausgegeben, Gott in allen Dingen zu suchen. Und als noch zu seinen Lebzeiten die portugiesische Provinz wieder das Stundengebet einführte, hat er ihnen unter Androhung der Entlassung verboten, dies fortzuführen. Ähnlich ist im Buddhismus die Meditation selbst nicht das eigentliche Ziel. Sie soll vielmehr die „Meditation des Alltags" bestärken und nichts davon Losgelöstes sein.

HG: Das Unbequeme am Auftreten Jesu ist, dass man ihn nicht täuschen kann. Er lebt authentisch. Jesus ist der im Herzen ganz Reine, Gottes Gerechtigkeit mitten unter uns Menschen. Deswegen hat er auch die Autorität, alles aufzudecken, was der ursprünglichen Intention der Gebote Gottes nicht entspricht. Das verunsichert seine Zuhörerschaft. Jesus hat sich mehrmals und immer wieder unrein gemacht – aus leidenschaftlicher Liebe für die Verlorenen. Er hat sich von Menschen berühren lassen, die kultisch unrein waren, und damit sich selbst vor Gott und den Menschen unrein gemacht. Er hat Aussätzige berührt, die aufgrund hygienischer und kultischer Vorsichtsmaßnahmen von der Gesellschaft ausgeschlossen waren. Er war mit Sündern zusammen, was ihn ebenso gemäß dem jüdischen Gesetz vor Gott schuldig und unrein gemacht hat. In dieser Jesus-Tradition entscheidet sich die Reinheit des Menschen also nicht darin, ob man äußerlich einem Kultgesetz entspricht oder seine Hände gewaschen hat, sondern wo und in welcher Disposition das eigene Herz ist.

ML: Was mir an dieser Geschichte auch so gut gefällt, ist die Rückführung auf das Wesentliche. Etwas auf das Notwendige zu kürzen, bedeutet immer, die Sache deutlich zu machen. Mit anderen Worten: Wenn zwei Menschen nicht aufeinander angewiesen sind, sich nicht gegenseitig bedürfen, kann man sich sicher sein, dass sie sich wirklich treffen wollen, wenn sie sich treffen.

HG: Ich möchte nochmals betonen, dass es eine Mühe um die Form braucht. Eine willkürlich provozierte oder mutwillig herbeigeführte Formlosigkeit kann ebenso lieblos sein.

ML: In dem Moment aber, wo du spürst, dass die Form statt des Inhaltes da ist, musst du den Mut haben, die Form zu reduzieren.

17

Religion als Geschäft

Sie kamen wieder nach Jerusalem. Jesus ging in den Tempel und begann, die Händler und Käufer aus dem Tempel hinauszutreiben; er stieß die Tische der Geldwechsler und die Stände der Taubenhändler um und ließ nicht zu, dass jemand irgendetwas durch den Tempelbezirk trug. Er belehrte sie und sagte: Heißt es nicht in der Schrift: Mein Haus soll ein Haus des Gebetes für alle Völker genannt werden? Ihr aber habt daraus eine Räuberhöhle gemacht. Die Hohepriester und die Schriftgelehrten hörten davon und suchten nach einer Möglichkeit, ihn umzubringen. Denn sie fürchteten ihn, weil das Volk außer sich war vor Staunen über seine Lehre. Als es Abend wurde, verließ Jesus mit seinen Jüngern die Stadt.

HG: Der dramatische Hintergrund der Erzählung ist die Ablehnung Jesu durch die maßgeblichen Autoritäten des Volkes. Sie haben bereits einen Beschluss gefasst, ihn umbringen zu lassen. Aufgrund der Beliebtheit Jesu beim gewöhnlichen Volk können sie diesen Plan jedoch nicht ausführen. Kurz vor dem Paschafest kommt es nun im Tempel zu einem vorläufigen Showdown des längst schon schwelenden tödlichen Konflikts. Getrieben von einem heiligen Zorn räumt Jesus „im Tempel" auf. Gemeint ist mit dieser Ortsangabe der „Vorhof der Heiden", der das eigentliche Gebäude umgibt: insgesamt ein riesiges Areal, fünfmal so groß wie ein Fußballfeld. Hier kaufen die Pilger bei den zahlreich vertretenen Viehhändlern die Opfertiere ein, Rinder, Schafe und Tauben, aber auch die Lämmer für das Osterfest. Bei den Geldwechslern wurden die römischen Münzen mit dem Bild des Kaisers in althebräische Halbschekel umgetauscht. Die Begründung für sein unerhörtes Tun entnimmt Jesus dem Propheten Jesaja, der den Anspruch Gottes ausdrückt: „Mein Haus soll ein Haus des Gebetes für alle Völker sein!"

Es geht in diesem für das Judentum allerheiligsten Gebäude gemäß dieser ursprünglichen Intention um eine Begegnung mit Gott und nicht um einen verwerflichen „Kuhhandel". Mit Gott macht man kein Geschäft! Der Zusatz „für alle Völker" benennt außerdem den universellen Anspruch, dass die beeindruckende Gegenwart Gottes an diesem Ort allen Menschen zugänglich sein soll. Aber was ist aus diesem hohen Anspruch geworden? Ein unfassbarer Religionsbetrieb mit einer üblichen, aber die Heiligkeit des Ortes überlagernden Geschäftigkeit. Der leidenschaftlich zornige Jesus brüskiert mit seiner gewalttätigen Performance nicht nur die traditionellen Gläubigen, die dem heiligen Brauchtum nachkommen, sondern vor allem das religiöse Establishment, das sich diese Aktion nicht gefallen lassen wird.

ML: Letztlich ist der Klerikalismus das Problem. Er bezeichnet die Verkommenheit der Priesterkaste, die ihre besondere Position zu ihrem eigenen Vorteil missbräuchlich nützt. Ein interessantes psychologisches Phänomen, das in allen Religionen anzutreffen ist. Jesus kann man durchaus als antiklerikal verstehen. Er war es nicht, weil er sich gegen die Pharisäer und die jüdische Priesterklasse stellte, was ihn schließlich das irdische Leben gekostet hat. Er war antiklerikal, weil er das zärtliche, sehr persönliche Begegnungsangebot mit Gott als positiven Gegenentwurf in den Mittelpunkt seiner im wahrsten Wortsinn Frohen Botschaft stellte. Umso bitterer ist die Einsicht, dass auch das Christentum keinesfalls von dieser Verfremdung verschont geblieben ist. Es gab zum Glück zu allen Zeiten Menschen, die die Kraft hatten, zum richtigen Zeitpunkt Reformen anzustoßen. Manchmal spaltete sich dadurch eine Konfessionsgemeinschaft von der bisherigen ab, aber manchmal gelang auch eine Erneuerung von innen, die nicht zu einer Spaltung geführt hat. Ich denke an das Zweite Vatikanische Konzil, nicht wahr? Ich habe den Eindruck, dass unser Papst Franziskus gerade dabei ist, seiner Kirche den Klerikalismus auszutreiben und in diesem Sinn die Tische der Geldwechsler und Taubenhändler umzuwerfen. Das ist eine erfrischende und durch und durch christliche Handlung, auch wenn sie aggressiv anmutet. Diese Form von Aggression hat jedoch keine Eigenständigkeit, sondern ist Antwort auf die imperialistische, destruktive und missbräuchliche Art und Weise, die spirituelle Sehnsucht von Menschen für den eigenen Vorteil auszunutzen. Außerdem kann man einen Ölfleck in einem Teppich nicht mit einem kleinen Taschentuch und etwas Wasser entfernen. Seltsamerweise wird dem Papst vorgeworfen, antikatholisch zu sein, als ob das Katholische etwas Eigenständiges in Relation zum Christentum wäre.

HG: Die stärkste Attacke des unbequemen Jesus richtet sich gegen die Vergötzung von Geld und Macht, die im Tempelkult damals deutlich sichtbar wurde. Wie schon angedeutet: Der Tempel war eines der architektonischen Weltwunder und mit seinem ganzen Funktionsapparat für jeden Gläubigen überwältigend. Für uns ist dies schwer vorstellbar, weil das Judentum heute eine vom Wort Gottes geprägte, wesentlich abstraktere Religion ist. Versammlungsort ist nicht mehr der Tempel, sondern die Synagoge, Schulhaus und Ort des Gebetes zugleich. Die Spitzenprovokation Jesu lautete: „Reißt diesen Tempel nieder und in drei Tagen werde ich ihn wieder aufrichten." (Joh 2,19)

Da er mit seinen Auftritten die Kultpraxis und die davon profitierende Priesterkaste in ihrem Lebensnerv getroffen hat, war es nur eine Frage der Zeit, wann und wie er wegen Blasphemie und Aufwiegelung des Volkes angeklagt werden würde. Das Volk war ja schon seit Langem auf seiner Seite. Die Art und Weise, wie Jesus predigte, und vor allem seine überzeugende Lebensweise, das heißt die Übereinstimmung seiner Worte und Taten, haben auf eine tiefe Sehnsucht der Menschen geantwortet. Im Gegensatz dazu war ihnen der Prunk und Anspruch der institutionalisierten Religion und ihrer finanziell gut dotierten Verwalter längst schon verhasst. Ein kleiner Exkurs: Alle Wallfahrtsorte der Welt bezeugen, dass die tiefe religiöse Sehnsucht der Menschen auch eine Ausdrucksform im künstlerischen Prunk finden will. Die Gläubigen aller Religionen wären recht unglücklich, wenn man ihnen in einem puristischen Eifer all dies nehmen würde.

ML: Wenn du mir das so vor Augen führst, ist der Klerikalismus natürlich nicht nur ein Phänomen der Priester, sondern auch eines der Laien, also der Nichtkleriker. Es ist, wie gesagt, immer unfassbar bitter zu bemerken, wie Menschen sich die spirituellen Sehnsüchte von Menschen zunutze machen, um sich selbst zu ermächtigen und zu bereichern. Es wird suggeriert, dass man nur über Vermittlung der Priester oder durch die Einhaltung fester Regeln mit Gott in Kontakt treten könne. Du hast dies einen „Kuhhandel" genannt. Das beeinträchtigt nachhaltig die Beziehung des Einzelnen mit Gott.

Aus diesem Grund fordert Jesus sinngemäß: „Die Kirche soll ein Haus des Gebetes für alle Völker sein, eines, das für alle offen ist." Da klingt keine Differenzierung mit, da wird nicht penibel auf Identitäten geschaut. Außerdem braucht es kaum Aufseher und Polizisten, wenn Differenzierungen und Abgrenzungen keine große Rolle spielen. Viele Menschen fragen: „Wozu brauche ich die Kirche überhaupt noch?" Die Geschichte von der Tempelreinigung ist in der Tat ein Aufruf, sich der urchristlichen Praxis zu besinnen: Es geht um den Aufbau einer tragenden Gemeinschaft von Gläubigen und nicht um Immobilien. Die Kirche soll jedem helfen, seine persönliche Beziehung mit Gott zu pflegen. „Wo zwei oder drei in meinem Namen zusammen sind, da bin ich mitten unter ihnen." (Mt 18,20) Wir bedürfen jedoch nicht des Nadelöhrs des Klerikalismus, um mit Gott in Kontakt zu kommen. Wir brauchen allerdings Kirche als tragende Gemeinschaft von Schwestern und Brüdern. Dann wird Religion im Wesentlichen kein Geschäft mehr sein.

HG: Die Tempelreinigung ist auch ein schönes Bild für die innere Reinigung des Menschen, die Jesus vornimmt. Der eigentliche Tempel, der Ort der verlässlichen Anwesenheit Gottes, ist die Seele des Menschen. Bildhaft ausgedrückt kann man sagen, Jesus befreit den Menschen von allem, was sich in ihm an gefährlicher Geschäftemacherei eingeschlichen hat. Niemand und nichts hat das Recht, dieses von Gott bevorzugte Heiligtum zu besetzen oder zu verunreinigen. Es macht die Würde des Menschen aus, dass er Wohnung für den Höchsten ist – hoffentlich nicht leer stehend, sondern tatsächlich von ihm erfüllt.

ML: Der Gedanke, dass jeder Mensch ein Tempel Gottes ist, den es gilt sauber zu machen und sauber zu halten, gefällt mir. Manchmal kommt man irgendwo auf der Welt in ein Gotteshaus. Es ist still, man ist fast allein. Nur irgendjemand ist mit der Pflege des sakralen Hauses beschäftigt. Und dabei kann man dann und wann beobachten, wie die Pflege des Hauses zum Gebet wird. Die Sorgfältigkeit und die Innigkeit haben einen sinnlichen, fast lustvollen Charakter. Es ist, als ob man die Reinigung aus dem Grund vollziehen müsste, um das Fest der Begegnung mit dem Göttlichen zu ermöglichen. Man muss sich frei machen, um Neues erfahren zu können. Jede Begegnung, nicht nur im spirituellen Bereich, stellt einen Einbruch des Neuen in das Bisherige dar. Das ist das Wesen der Begegnung. In sich selbst sauber machen heißt demnach: klären, verzeihen, abschließen. In sich selbst sauber machen heißt, sich mit der Wahrheit versöhnen.

HG: Ich möchte abschließend noch von einem brutalen Vandalenakt in einer Kirche erzählen, dessen Resultat ich mit eigenen Augen sehen konnte. Einige Jahre vor dem Fall des Eisernen Vorhangs reiste ich mit zwei Freunden in die ehemalige Tschechoslowakei. Angeregt durch den Hinweis eines geheim geweihten Diakons besuchten wir einen jungen Priester, der aufgrund seiner Beliebtheit im Studentenmilieu in Prag in ein Dorf an der Grenze zur DDR strafversetzt wurde. Wir mussten möglichst unauffällig sein Haus betreten, wurden jedoch von einer kleinen, sympathischen Gruppe junger Leute überrascht, die schon bei ihm versammelt waren. Den Priester erlebte ich als eine mutige, beeindruckende Vaterfigur. Nach einer gewissen Zeit kam ein Anruf, dass die Einrichtung seiner Kirche zerstört worden sei. Die Aufregung war enorm. Trotz der Vorsichtsmaßnahmen, um nicht von der Geheimpolizei erfasst zu werden, durften wir in die Kirche mitkommen.

Das Altarbild war heruntergerissen und zerschnitten, die Kreuzwegbilder auf den Boden geworfen und die Augen der Figuren waren mit Zigaretten ausgebrannt. Die Kreuze und Kerzenständer zerbrochen und offensichtlich quer durch die Kirche geschleudert. Wir halfen, das Gröbste aufzuräumen. Als wir fertig waren, hat sich der Priester in die Mitte der Kirche gestellt und folgendes Lied angestimmt: „Christus vincit, Christus regnat, Christus imperat!" Christus ist siegreich, er regiert und ist der Herrscher – allem Augenschein zum Trotz! Er hat dieses widerständige Lied des Glaubens mehrmals gesungen, mit der Ausstrahlung von einem ganz tiefen Frieden. Es war ein unglaubliches Glaubenszeugnis für uns junge Theologen! Inmitten einer verwüsteten Kirche erlebten wir einen Menschen, der in seinem Innersten offenkundig bewohnt war – nicht von Verzweiflung und Aggression, sondern vom lebendigen Christus. Die äußerliche Gewalt des Vandalenaktes, der von der kommunistischen Diktatur gedeckt wurde, konnte das eigentliche Heiligtum nicht zerstören.

18

Selbstgerecht und fertig?

Lk 7,36-40.44-47

Einer der Pharisäer hatte Jesus zum Essen eingeladen. Und er ging in das Haus des Pharisäers und begab sich zu Tisch. Und siehe, eine Frau, die in der Stadt lebte, eine Sünderin, erfuhr, dass er im Haus des Pharisäers zu Tisch war; da kam sie mit einem Alabastergefäß voll wohlriechendem Öl und trat von hinten an ihn heran zu seinen Füßen. Dabei weinte sie und begann mit ihren Tränen seine Füße zu benetzen. Sie trocknete seine Füße mit den Haaren ihres Hauptes, küsste sie und salbte sie mit dem Öl. Als der Pharisäer, der ihn eingeladen hatte, das sah, sagte er zu sich selbst: Wenn dieser wirklich ein Prophet wäre, müsste er wissen, was das für eine Frau ist, die ihn berührt: dass sie eine Sünderin ist. Da antwortete ihm Jesus und sagte: Simon, siehst du diese Frau? Als ich in dein Haus kam, hast du mir kein Wasser für die Füße gegeben; sie aber hat meine Füße mit ihren Tränen benetzt und sie mit ihren Haaren abgetrocknet. Du hast mir keinen Kuss gegeben; sie aber hat, seit ich hier bin, unaufhörlich meine Füße geküsst. Du hast mir nicht das Haupt mit Öl gesalbt; sie aber hat mit Balsam meine Füße gesalbt. Deshalb sage ich dir: Ihr sind ihre vielen Sünden vergeben, weil sie viel geliebt hat.

HG: Ehrlich gesagt, bei dieser Szene verschlägt es mir immer die Sprache. Die Sache riecht derart nach Skandal, dass sich die Boulevardmedien daran nur ergötzen könnten. Aber der Reihe nach: Die Mahlgemeinschaft ist ein typisches Motiv im Lukasevangelium. Jesus nimmt ganz bewusst am Mahl mit unterschiedlichen Menschen teil, oft mit Zöllnern und Sündern. Hier folgt er der Einladung ins Haus des Pharisäers Simon. Unerwartet – was einen Tabubruch geltender Konventionen darstellt – kommt offensichtlich aufgrund seiner Anwesenheit auch eine Sünderin aus der Stadt. In den Kommentaren wird sie oft als Prostituierte dargestellt. Die Frage, ob einige der Männer, die beim Mahl dabei waren, sie höchstwahrscheinlich kannten – wenn auch nicht offiziell –, lässt sich schwer von der Hand weisen.

Die Frau hat von Jesus erfahren und kommt mit einem Alabastergefäß voll wohlriechendem kostbarem Öl. Sie tritt weinend von hinten an ihn heran – küsst und salbt ihn. Die erotischen Anspielungen in der atmosphärischen Dichte der Handlung waren für die Beteiligten mehr als deutlich. Die Empörung – wenn auch nicht offen ausgedrückt – ließ nicht auf sich warten. Der Gastgeber Simon stellt die prophetische Kompetenz Jesu infrage. Zu unverständlich und unbequem ist ihm die Nähe, die Jesus zugelassen hat. Allerdings – und damit hat er auch nicht gerechnet – werden seine Gedanken vom eingeladenen Ehrengast durchschaut und in einer eindringlichen Lektion öffentlich vorgeführt.

ML: Was dieser Text so schön zum Ausdruck bringt, ist: Man kann sich bei Jesus keinen Vorschuss in Bezug auf die Beurteilung seines eigenen Handelns sichern. Jesus urteilt immer aus der unmittelbaren Begegnung, das heißt aus der Liebe. Daher ist eine Person, die sich immer gerecht verhalten hat und im konkreten Moment quasi wie gelähmt agiert, weniger heil als jemand, der immer sündig war, sich aber im entscheidenden Moment liebevoll und herzensoffen zeigt. Simon war nicht gegenwärtig, nicht ansprechbar. Er blieb mit seinen Gedanken „nur bei sich", wie es im Text heißt. Es ist immer in dem Moment alles vergeben, in dem ehrlich geliebt wird. Diese Form von Gegenwärtigkeit ist eine spirituelle Dimension, denn Vergangenheit und Zukunft sind Dimensionen unseres irdischen Lebens, aber in Gott gibt es nur Gegenwärtigkeit. Wir können mit Präsenz, mit Achtsamkeit dieser Tatsache gerecht werden.

HG: Ein unvergesslich intensiver Moment wurde mir bei einer vorweihnachtlichen Feier auf der Innsbrucker Hospizstation geschenkt. Die Hospizeinrichtung verbunden mit der palliativen Versorgung ist ein Ort, wo einem die Schönheit und Zerbrechlichkeit unseres Lebens unüberbietbar deutlich vor Augen steht. Wir haben miteinander Lieder gesungen und das Weihnachtsevangelium gehört. Unsere Aufmerksamkeit fiel auf die Schwäche und Verwundbarkeit des Kindes in der Krippe. Es muss geliebt werden, damit es heranwachsen kann. Gott, der Allerhöchste, hat sich in diese verletzliche Nähe zu uns begeben. Wir alle haben unser Leben bei einem ehrlichen Blick darauf nicht souverän in der Hand. Auf der Palliativstation fallen diesbezügliche Täuschungen in sich zusammen. Bei der anschließenden persönlichen Segnung der Kranken – mit Handauflegung und einem tröstenden Zuspruch – hat mich eine von Krebs im Endstadium gezeichnete Patientin gefragt, ob ich sie nicht umarmen könne, kurz zumindest. Ich war gewaltig bewegt von dieser tiefen Sehnsucht und ehrlichen Frage. Gerne kam ich ihrem Wunsch nach.

ML: Es ist dir in diesem Moment gelungen, ganz gegenwärtig der Anfrage des Lebens zu antworten. Dein Handeln in dieser Situation war „richtig", sie hat einer höheren Gerechtigkeit entsprochen. Die Gerechtigkeit – wenn man von der Heiligen Schrift ausgeht – ist nämlich immer eine Gerechtigkeit der Liebe. Das, und nur das ist die Gerechtigkeit Gottes. Sie übersteigt unsere Maßstäbe. Diese Gerechtigkeit kennt nur die Frage: Kann der Mensch in dem Moment, in dem er vom Leben angefragt wird, in der Selbstvergessenheit der Liebe sein oder erfüllt er nur seine Pflicht im Rahmen seiner Vorstellungen und externer Vorgaben?

HG: Simon hat auf das Selbstverständliche vergessen, weil er in der Rolle des distanzierten Beobachters geblieben ist. Er hat in allen Punkten der gebotenen Höflichkeit als jüdischer Gastgeber versagt: Er hat kein Wasser zum Waschen der durch das Tragen von Sandalen verstaubten Füße angeboten – die Waschung selbst hätte ohnehin ein Haussklave übernommen. Er gab keinen Kuss zur Begrüßung, wie dies in den orientalischen Willkommensriten selbstverständlich ist. Er reichte kein duftendes Öl zur symbolischen Salbung des Hauptes – ein besonders schönes Zeichen der Gastfreundschaft. Die Frau aber hat all diese Anstandsregeln nicht nur erfüllt, sondern mit Liebe überboten. Simon war unfähig zur Begegnung. Die Frau aber hat sich selbst gegeben. Dafür wurde sie von den Rechtgläubigen und den „im Guten Verhärteten" angegriffen.

In der ähnlichen Erzählung beim Evangelisten Markus erregen sich die Pharisäer über die Verschwendung des kostbaren Öls. Sie erwähnen die Armen, denen man mit dem Ertrag des Verkaufs des Öls hätte helfen können. Damit tragen sie ganz penetrant noch ihr Sozialgewissen zur Schau. Jesus jedoch verteidigt die Frau ganz energisch: „Hört auf! Warum lasst ihr sie nicht in Ruhe? Die Armen habt ihr immer bei euch und ihr könnt ihnen Gutes tun, sooft ihr wollt." (Mk 14,7) Im Vergleich mit einer wirklichen Liebe machen sich alle Ansätze des sozialen Pharisäertums und jedes wirtschaftliche Kalkül lächerlich. Jesus verteidigt die unverschämt zugeneigte Frau im Kreis der Männer, die von ihrer eigenen Gerechtigkeit überzeugt sind.

ML: Die unübersehbare Selbstgerechtigkeit steht im harten Kontrast zum ungestümen Ausdruck persönlicher Liebe. Jesus hält dem Simon eine für ihn brüskierende Vergleichsperson, eine Sünderin, vor die Nase. Er hätte nie glauben wollen, dass sie in irgendeiner Weise mit ihm vergleichbar wäre – geschweige denn mehr in der Gottesliebe wäre als er. Die Selbstgerechtigkeit in dieser Geschichte erinnert mich an Situationen in meinem Leben, in denen mir scheinbar „geringere" Menschen vorgezogen wurden. Die schmerzende Kränkung auf derartige Ereignisse kann sehr tiefgehen. Ich habe schon einige Patienten behandelt, bei denen ein solches Ereignis im Sinne eines sogenannten Burn-out-Syndroms zu einer Arbeitsunfähigkeit geführt hat. Darum ergibt es durchaus Sinn, sich gerade bei Menschen, die einem inkompetent vorkommen, stets deren besondere Begabungen vor Augen zu führen. Die Selbstgerechtigkeit beurteilt nämlich die anderen mit den eigenen Maßstäben und mit einem Blick, der „nur bei sich bleibt". Um dem anderen annähernd gerecht zu werden, ist es notwendig, ihm seine eigenen Leisten anzulegen. Die Selbstgerechtigkeit ist etwas sehr Giftiges in uns. Wir sollten sie mit einem liebevollen Blick auf den anderen entgiften.

HG: Das Wesentliche dieses Evangeliums ist natürlich nicht die Konfrontation des Pharisäers mit seinem offenkundigen Versagen, sondern die

Offenheit Jesu. Er lässt sich jenseits jeder Konvention von einer stadtbekannten Sünderin berühren. Er lässt Intimität zu. Eigentlich benimmt er sich ganz unverschämt wie ein potenzieller Liebhaber dieser Frau. Möglicherweise liegt darin der Sinn der aufs Erste schockierenden Szene: Gott ist der Liebhaber des Menschen, was auch immer er an belasteter Geschichte mit sich tragen mag. Jesus macht mit seinem Verhalten deutlich, dass Gott die Sünderin und den Sünder an sich heranlässt. Es ist seine Heiligkeit, die jeden „Sicherheitsabstand" aufhebt. Gott lässt sich mit dem gebrochenen Menschen auf eine absolute Nähe ein.

ML: Faszinierend ist, dass ein Mensch, obwohl er sich schuldig gemacht hat, in einer derartigen Weise die reine Liebe leben kann. Die Reinheit ihrer Zärtlichkeit und Liebe, die etwas Erotisches, aber nichts Sexuelles aufweist, zeigt sich in ihrer Nicht-Intentionalität, einer Absichtslosigkeit, die das Zeichen der reinen Zuwendung ist. Jesus verschließt sich ihr gegenüber nicht. Er zeigt uns damit, dass wir uns versündigen, wenn wir uns einem Menschen aus formalen Gründen verschließen, falls dieser sich uns absichtslos und rein zuwendet. Wir versündigen uns in der Verweigerung, wenn ein offenes Herz sich selbstlos nach Berührung sehnt.

Diese Aufgabe ist im Alltag natürlich sehr herausfordernd. Es braucht immensen Mut, weil wir alle in formalen Strukturen verhaftet sind. Wenn wir uns jedoch nach dem Vorbild Jesu der Absichtslosigkeit öffnen, können Feindseligkeit und Aggressivität folgen. Genau dieser Aversion ist auch Papst Franziskus ausgesetzt. Das ist bedauerlich, passt aber für einen Nachfolger von Petrus. Aber wie gesagt: Sich der Liebe zu verweigern, ist Sünde. Selbst wenn die Liebe einen dazu bringt, Formen und Regeln, die man sich selbst oder andere einem aufoktroyiert haben, zu verletzen. Wir sind zur Liebe berufen. Jesus ist in dieser Erzählung ein sehr mutiger, ein demütiger und zutiefst unbequemer Mensch. Die Szene ist im Subtext von Kreuzigung und Auferstehung durchdrungen.

HG: Der Pharisäer hat seine Selbstgerechtigkeit wie einen Panzer aufgebaut, hinter dem er sich nicht nur in der Öffentlichkeit vor sich, vor den anderen und vor Gott versteckt. Jesus bricht diesen Schutzpanzer mit einer harten Lektion auf. Damit führt er dem Simon und auch uns unmissverständlich vor Augen, dass sich niemand selbstgerecht machen kann. Die gesamte Diskussion um die Rechtfertigungslehre, die von Martin Luther ins Zentrum christlichen Glaubens gestellt wurde, kommt hier ins Spiel. Nur Gott kann den Menschen „rechtfertigen". Gerechtigkeit wird ihm geschenkt. Sie ist nicht das Ergebnis „menschlicher Werke" oder einer schön inszenierten Tugendhaftigkeit, sondern Folge zugesprochener Liebe und Vergebung.

ML: Die Selbstgerechtigkeit ist die Abkehr von Liebe, die Abkehr von Lebendigkeit. Wir müssen uns unser ganzes Leben lang, jeden Tag, fast in jedem Atemzug mit der Quelle der Liebe in Verbindung bringen, damit wir wahre Lebendigkeit spüren können.

19

Beschuldigen macht schuldig

Joh 8,2-11

Am frühen Morgen begab sich Jesus wieder in den Tempel. Alles Volk kam zu ihm. Er setzte sich und lehrte es. Da brachten die Schriftgelehrten und die Pharisäer eine Frau, die beim Ehebruch ertappt worden war. Sie stellten sie in die Mitte und sagten zu ihm: Meister, diese Frau wurde beim Ehebruch auf frischer Tat ertappt. Mose hat uns im Gesetz vorgeschrieben, solche Frauen zu steinigen. Was sagst du? Mit diesen Worten wollten sie ihn auf die Probe stellen, um einen Grund zu haben, ihn anzuklagen. Jesus aber bückte sich und schrieb mit dem Finger auf die Erde. Als sie hartnäckig weiterfragten, richtete er sich auf und sagte zu ihnen: Wer von euch ohne Sünde ist, werfe als Erster einen Stein auf sie. Und er bückte sich wieder und schrieb auf die Erde. Als sie das gehört hatten, ging einer nach dem anderen fort, zuerst die Ältesten. Jesus blieb allein zurück mit der Frau, die noch in der Mitte stand. Er richtete sich auf und sagte zu ihr: Frau, wo sind sie geblieben? Hat dich keiner verurteilt? Sie antwortete: Keiner, Herr. Da sagte Jesus zu ihr: Auch ich verurteile dich nicht. Geh und sündige von jetzt an nicht mehr!

HG: Der Hintergrund der Erzählung ist der Zweifel der jüdischen Gelehrten an der Lehrautorität Jesu, die er jedoch faktisch mit großem Erfolg ausübt. Wie ein Lehrer setzt er sich und spricht. Alles Volk kam zu ihm. Diese Tatsache hat offensichtlich den tödlichen Neid der Gesetzeslehrer geweckt. Mit einem frischen Fallbeispiel wollen sie ihn in eine Falle locken, um einen Grund für eine mögliche Anklage zu haben. Sie bringen eine Ehebrecherin, die „in flagranti" erwischt wurde, zu ihm. Sie führen sie vor. Sie achten weder auf einen würdigen Umgang mit der betroffenen Person, noch geht es ihnen um eine ernsthafte Auseinandersetzung mit einer heiklen Gesetzesmaterie. Ihre Intention ist es, Jesus eine Nicht-Konformität mit dem göttlichen Gesetz anzuhängen. Der Fall scheint für sie klar zu sein. Aufgrund der Anordnung im Buch Levitikus (Lev 20,10) müsste die Frau gesteinigt werden.

Unerwartet kreativ ist die Reaktion Jesu: unbequem für die hartherzigen Gesetzesvollstrecker. Wie ein Gegenbild zu jenen, die sich aufblähen, macht er sich klein. Er bückt sich und schreibt auf die Erde. Eine höchst erstaunliche Intervention. Offensichtlich wird der Gegensatz der Schreibflächen betont – Jesus schrieb auf die Erde, das mosaische Gesetz jedoch ist in Stein gemeißelt. Es ist die Grundlage für die Anklage gegen die Frau. Offen bleibt, was Jesus auf die Erde geschrieben hat. Jedenfalls provoziert er die selbst ernannten Kläger mit der Aussage: „Wer ohne Sünde ist, werfe als Erster einen Stein auf sie." Das ist weder eine Verharmlosung der Sünde noch ein Vorwurf den Anklägern gegenüber, sondern eine entlarvende Fragestellung. Da gingen sie alle weg, beginnend mit den Ältesten, die vielleicht am meisten Lebenserfahrung hatten. Durch das Beschuldigen sind sie ebenso schuldig geworden.

Als Jesus schließlich mit der Frau allein ist, spricht er sie persönlich an und gibt ihr die Möglichkeit, zu antworten. Sie wird damit von Jesus als Subjekt wahrgenommen und nicht als Fallbeispiel entwürdigt. Er, der allein die göttliche Autorität zum Gesetzesvollzug gehabt hätte, spricht ihr schließlich Vergebung zu: „Ich verurteile dich nicht!" Mit dieser Aussage fasst Jesus das ganze Evangelium zusammen. Kaum vorstellbar ist die Entlastung, die diese Frau erfahren hat. Die mit Sicherheit zum Tod führende Schuld wurde ihr vergeben. Zugleich entlässt sie Jesus in die wiedergewonnene Freiheit: „Geh und sündige von jetzt an nicht mehr!"

ML: Dieses „Ich verurteile dich nicht" zeugt von einem Paradigmenwechsel des Neuen Testaments gegenüber dem Alten Testament. Jesus eröffnet eine andere, eine neue Perspektive. Es ist die Perspektive der Liebe. Liebe ist anarchisch. Sie stellt sich nicht gegen das geltende Regelwerk, aber sie interpretiert es nicht fundamentalistisch, sondern quasi mit dem liebevollen Blick des gütigen Vaters. Es ist der göttliche Blick, der die Metamorphose der Katastrophe ermöglicht. Wir blicken da in den Zellkern des Christentums. „Ich verurteile dich nicht" ist das evolutionäre Element, aber auch das irritierende, das desorientierende Element des Christentums.

Daher ist das Christentum zeit seines Bestehens immer wieder in einer reaktionären Weise in eine alttestamentarische Orientierung zurückgefallen. Es muss immer wieder neu in uns aufgeweckt werden, damit wir quasi diese typisch „christliche Orientierungslosigkeit" ertragen. Franz von Assisi, Ignatius von Loyola, Teresa von Ávila, Johannes Bosco, Jean-Marie Vianney, Thérèse von Lisieux, Dietrich Bonhoeffer: alles Revolutionäre, persönliche Orientierungspunkte – zärtliche, radikale und hartnäckige Einmahner der innersten Wahrheit des Christentums. Christsein heißt mit der Furcht leben zu lernen, es könnten einem die klaren Richtlinien abhandenkommen. Denn Jesus setzt ihnen dialektisch immer die innere Richtlinie der Liebe gegenüber.

Das ist auch hier so. Die anderen wollen die Richtlinien ohne Wenn und Aber durchsetzen. Aber Jesus akzeptiert die Vorgangsweise nicht. Er führt auf unfassbar geschickte nonverbale Weise die Richtlinie der Liebe ein, der sich seine Feinde nicht entziehen können. „Wo kämen wir denn da hin?" Diese Frage stellt sich der Christ nicht. Er handelt nach der Ordnung der Liebe. Eine faszinierende Passage in diesem Evangelium ist für mich das Schreiben am Boden. Auch wenn Theologen viel darüber spekulierten, was Jesus geschrieben haben könnte, war es mir immer klar, dass er nichts geschrieben hat. Aber indem er so tat, als ob er sich mit etwas anderem beschäftigen würde, nimmt er die Möglichkeit der Projektion von sich. Er sagt mit dem „Ich schreibe am Boden": „Ich bin nicht da, ihr seid in eurer Selbstverantwortung." Er wirft die Ankläger mittels dieses Kunstgriffs auf sich selbst zurück.

HG: Meinst du so eine kindische Geste einer vorgetäuschten Unbeteiligtheit? Nicht nur Kinder können so einen Eindruck vorgaukeln …

ML: Keine kindische Geste. Jesus entzieht sich auf diese elegante Weise ihren Zuschreibungen. Sie wollen ihm ja eine Falle stellen. „Stell dir vor, es ist Krieg, und keiner geht hin", heißt es in dem berühmten umstrittenen Brecht-Zitat. Stell dir vor, sie stellen dir eine Falle und du bist gerade mit Schreiben beschäftigt. Damit entzieht er ihnen die Macht über sich. Das ist aus meiner Sicht wunderschön, weil Konfrontation seine Feinde stärken würde, und Nachgeben ebenso. Da können wir von Jesus viel lernen.

HG: Die Geste des Schreibens ist ein sehr eindrücklicher Verweis auf den göttlichen Akt der Schöpfung. Aus dem Erdboden, aus dem Lehm formte Gott etwas Neues. Die Vergebung also, die Jesus schenkt, ist eine neue Schöpfung. Darüber hinaus gibt es einen schönen Hinweis von einem mittelalterlichen Buchillustrator, der einen sehr tiefsinnigen Vorschlag macht, was Jesus in den Boden geschrieben haben könnte: „Terra terram accusat." – Die Erde klagt die Erde an. Wenn man es etwas vulgär übersetzt: „Wer Dreck am Stecken hat, klagt den an, der auch Dreck am Stecken hat." Der Mensch, der aus Lehm geformt wurde – also von Natur aus zerbrechlich, unbeholfen und schuldanfällig ist –, beginnt andere zu beschuldigen. Er macht sich damit selbst schuldig. Sehr interessant ist auch die künstlerische Umsetzung des niederländischen Malers Pieter Aertsen. In seiner Version schreibt Jesus das hebräische Alphabet in den Sand. Ein eindrucksvolles Beispiel dafür, dass der Geist über dem Buchstaben steht. Es ist der Geist, der den Buchstaben anwendet, nicht umgekehrt. Der strenge Buchstabe des Gesetzes vergeht im Sand; der offene, barmherzige Geist des Schreibenden bleibt.

ML: Es ist überdies ein Evangelium, das den Wert des eigenen Gewissens im Sinne von Selbstverantwortung stark thematisiert. Ich bin als ärztliche Führungskraft in einem Krankenhaus tätig. Da gibt es immer wieder Kollegen, die für alle möglichen Eventualitäten sehr genaue Richtlinien einfordern. Ich habe dort das Prinzip entwickelt: So viele Richtlinien wie nötig und so wenige wie möglich. Manchmal ist es wirklich wichtig, Richtlinien auszugeben, um zu orientieren, aber oft sind Richtlinien auch dazu angetan, die Bereitschaft zum selbstverantwortlichen Handeln zu schwächen, manchmal gar aufzuheben. Ich möchte aber, dass unsere

Ärzte selbstverantwortlich handeln, nicht zuletzt, weil ich überzeugt bin, dass sie dann am besten handeln. In diesem Bibeltext wirft Jesus zuerst die Pharisäer auf ihre Selbstverantwortung zurück; dann wirft er die Frau auf ihre Selbstverantwortung zurück.

HG: Und das ist keine Verharmlosung der Schuld. Jesus sagt zum Schluss ja auch nicht: „Schade, dass sie dich wegen dieser Kleinigkeit belangt haben. Du bist eh ganz nett." Sondern er sagt: „Ich verurteile dich nicht. Geh und sündige von jetzt an nicht mehr!" Das heißt, es hat tatsächlich einen Grund zur Verurteilung gegeben.

ML: Beschuldigen macht oft schuldig, weil Beschuldigen häufig ein Abwälzen der eigenen Verantwortung auf andere ist. In dem Moment, in dem man wirklich Selbstverantwortung für sich übernimmt, ist es kaum mehr möglich, einen anderen zu beschuldigen. Wer beschuldigt, maßt sich an, über andere richten zu können. Man soll und kann schon auf eine Schuld hinweisen, wie Jesus es da macht, aber das „Ich richte über dich" geht dann nicht mehr.

HG: Ich möchte noch von einer Begegnung erzählen, in der mir die Dringlichkeit eines barmherzigen Lebensstils deutlich bewusst wurde. Als Pfarrer habe ich Paare, die in zweiter Ehe leben, und Einzelpersonen, die eine Scheidung hinter sich haben, zu einem Gesprächsabend eingeladen. In einer entsprechend respektvollen Atmosphäre ist es gelungen, dass alle Gäste ihre persönlichen Erfahrungen miteinander teilen konnten. Eine Frau hat mit einer starken Emotion ihre Leidensgeschichte erzählt. Ihre Ehe ging in Brüche, weil ihr Mann durch seine Alkoholerkrankung gewalttätig wurde und die ganze Familie in den Ruin getrieben hat. Schließlich hat sie ihn verlassen und versucht, sich alleinerziehend mit ihren drei Kindern eine neue Existenz aufzubauen.

Im Dorf wurde sie jedoch als Schuldige gebrandmarkt, weil ihr Mann trotz seines „Problems" ein sehr kommunikativer und angesehener Mann war. Auch der Pfarrer hat sich dieser allgemeinen Verurteilung der Frau angeschlossen. Ausschluss aus der Gemeinde, weil nicht mehr willkommen, war die Folge. Von Zuwendung und Trost – oder sogar von einer Stärkung durch die Möglichkeit zum Empfang der Kommunion sowieso keine Spur. Auch das Sakrament der Versöhnung wurde ihr verweigert. Während ihres Erzählens hat sie sich bewusst zu mir gewandt und mit verständlicher Erregung gefragt: „Herr Pfarrer, können Sie sich vorstellen, ein Leben lang nicht entlastet zu werden?" Nicht entlastet werden! Mich hat dieses Wort von der verweigerten Entlastung ganz stark getroffen. Der Ausschluss und die Verweigerung von Versöhnung können Menschen in den Tod treiben. Nur Barmherzigkeit ermöglicht einen Neubeginn im Leben. Es geht um eine effektive Entlastung! Wir müssen im Umgang miteinander und auch in unserer Kirche noch sehr viel lernen.

20

Zugemutete Freiheit

Joh 6,60-69

Viele seiner Jünger, die ihm zuhörten, sagten: Diese Rede ist hart. Wer kann sie hören? Jesus erkannte, dass seine Jünger darüber murrten, und fragte sie: Daran nehmt ihr Anstoß? Was werdet ihr sagen, wenn ihr den Menschensohn aufsteigen seht, dorthin, wo er vorher war? Der Geist ist es, der lebendig macht; das Fleisch nützt nichts. Die Worte, die ich zu euch gesprochen habe, sind Geist und sind Leben. Aber es gibt unter euch einige, die nicht glauben. Jesus wusste nämlich von Anfang an, welche es waren, die nicht glaubten, und wer ihn ausliefern würde. Und er sagte: Deshalb habe ich zu euch gesagt: Niemand kann zu mir kommen, wenn es ihm nicht vom Vater gegeben ist. Daraufhin zogen sich viele seiner Jünger zurück und gingen nicht mehr mit ihm umher. Da fragte Jesus die Zwölf: Wollt auch ihr weggehen? Simon Petrus antwortete ihm: Herr, zu wem sollen wir gehen? Du hast Worte des ewigen Lebens. Wir sind zum Glauben gekommen und haben erkannt: Du bist der Heilige Gottes.

HG: Jesus konnte große Menschenmassen ansprechen. Sie waren beeindruckt von den Wunderzeichen, die er tat. Einen besonders nachhaltigen Eindruck machte die Brotvermehrung. All jenen, die dabei waren und gespeist wurden, hält Jesus nun eine Rede, die sie faktisch überfordert. Er legt den Leuten dar, dass es über die Speisung des Körpers hinaus noch ein anderes Brot braucht – ein Lebensmittel für die Seele. Jesus nimmt für sich in Anspruch, dieses Lebensmittel, dieses „lebendige Brot" zu sein. Seine berühmt gewordene „Brotrede" mündet letztlich jedoch in ziemlich drastische Formulierungen, die den Zuhörern zu viel wurden. Jesus sagt: „Das wahre Brot ist mein Fleisch. Ihr müsst mich essen, mich real empfangen, sonst habt ihr das ewige Leben nicht in euch."

Bei diesen Worten steigen die Massen aus. Was er sagt, ist zu penetrant, zu übertrieben, zu fixiert auf seine Person – wer kann das verstehen? Die Folge ist eine extreme Abwanderung der ursprünglich starken Jesus-Bewegung. Es kommt zu einer echten Krise. In diesem höchst sensiblen Moment stellt Jesus seinen engsten Anhängern die entscheidende Frage: „Wollt auch ihr weggehen?" Jesus bettelt nicht um ihre Gefolgschaft, sondern riskiert ihr Weggehen. Er stellt sie ganz explizit noch einmal vor die Wahl: Wollt auch ihr weggehen? Beeindruckend in dieser Situation: die innere Freiheit Jesu und seine Souveränität …

ML: … die Radikalität! Es geht Jesus offensichtlich um den Inhalt, nicht um die Menge seiner Jünger. Es geht um die Qualität. An einer anderen Stelle sagt er: „Ihr seid das Salz der Erde." Das klingt nicht nach Volkskirche. Die Radikalität, mit der uns Jesus sich und Gott näherbringt, übersteigt die Fähigkeit der Menschen. So radikal können sie sich nicht „verleugnen". Und selbst seine zwölf Jünger, die geblieben sind, waren bekanntlich nicht imstande, diesen Anspruch zu erfüllen. Die Frage lautet: Macht das etwas? Der Text gibt uns die Antwort: Nein! Jeder – und das kommt deutlich heraus – wird von Jesus jederzeit freigelassen, ihm zu folgen oder nicht. Mehr noch: Es muss einem, so Jesus, vom Vater gegeben sein, ihm überhaupt nachfolgen zu können. Das ergibt auch Antworten auf aktuelle Probleme der Kirche, auf Kirchenaustritte und Priestermangel, auch wenn die Antwort ziemlich unbequem ist.

HG: Ich möchte es nochmals vertiefen. Jesus entzieht sich selbst als Projektionsfläche aller möglichen und unmöglichen messianischen Erwartungen. Jesus versagt sich selbst gegenüber der Menge als der idealisierte Heilsbringer. Er macht sich nicht korrumpierbar. Er lässt sich nicht einspannen in die Erwartungen seines ersten Erfolges. Die Massen hätten ihn gerne als Garant eines neuen, wesentlich bequemeren Lebens gehabt. Und natürlich auch als Befreier von der Besatzungsmacht Rom. Die Geschichte mit der politisierten Messias-Erwartung großer Teile der Bevölkerung, angeführt von der Partei der Zeloten, ist ja bekannt. Es musste für diese Kämpfer, die auch unter den Jüngern vertreten waren, eine herbe Enttäuschung sein, dass Jesus nicht nach ihren Vorstellungen funktionierte. Jesus war und ist die radikal einfache „gebrochene" Gestalt. Er hat sich zum Sklaven aller gemacht und verkörpert genau das Gegenteil von einem populistischen Verführer der Massen. Er mutet allen, die mit ihm zu tun haben, so manche heilsame Ent-Täuschung zu. Damit wirkt er jedoch ungemein befreiend.

ML: Er steht als Guru, der andere in Abhängigkeit bringt, nicht zur Verfügung. Wie viele Abhängigkeiten wurden und werden im Namen von Religionen schon erzeugt! Wie wohltuend ist die Authentizität von Jesus. Ein Ja ist nur ein Ja, wenn das Nein auch möglich ist. Jesus fordert von seinen Freunden ein klares Ja. Jesus erweist sich damit als eine vorbildliche Führungskraft. Wenn man die Apostelgeschichte liest, merkt man, wozu diese Art Jesu, mit seinen Jüngern umzugehen, beziehungsweise diese Freiheit, die er ihnen gelassen hat, geführt hat. Es hat zu einer beeindruckend starken Verinnerlichung der christlichen Botschaft geführt. Die Apostel konnten in allem, was sie nach dem Weggang Jesu unternommen haben, den ursprünglichen Sinn und die Idee des Christentums verwirklichen. Alle, die diese Verwirklichungsgabe besitzen, nennt man in der katholischen Kirche Heilige. Heilige sind Kinder der Freiheit. Ein schöner Gedanke, nicht wahr?

HG: Aber sie mussten auch durch ihr eigenes Versagen durchgehen – alle! Nicht so krass wie Judas, aber alle in einer gewissen Weise. Sie mussten erfahren, dass ihre ursprüngliche Entschlossenheit ins Wanken geriet und zerbröselte, sie mussten von sich selbst enttäuscht werden.

Ihre erste dynamische Liebe musste gereinigt werden. Erst durch das Erlebnis des eigenen Scheiterns sind sie zur Freiheit gereift. Denken wir an Petrus, der sich in der Zeit des „erfolgreichen" Jesus bereits Gedanken über eine aussichtsreiche Karriere mit ihm gemacht hat. Die Vorstellung, dass Jesus leiden könnte, wollte er auf keinen Fall zulassen. Er hat lieber den starken Anwalt und Verteidiger des „schwachen" Jesus gespielt. In der Krise jedoch hat er sich nicht nur davongeschlichen, sondern Jesus explizit verleugnet. Als ihn der Auferstandene einige Zeit danach am See von Tiberias anschaute, begann er zu weinen. Was hat er in diesem Blick gesehen? Einen Vorwurf? Sicher nicht. Er sah den Blick der Vergebung. Ich denke in diesem Zusammenhang an eine Situation, in der ich selbst schuldig geworden bin. Eine ganz peinliche Angelegenheit, die mir meine eigene Schwäche deutlich vor Augen geführt hat. Ich hatte zum Glück die Kraft, mein Fehlverhalten zu erkennen und um Vergebung zu bitten. Aber geblieben ist die Erfahrung, dass ich keineswegs so souverän bin, wie ich mir zuvor eingebildet habe. Mein Stolz und meine Eingebildetheit wurden gebrochen. Geblieben ist dafür ein inneres „Verständnis" für Menschen, die in ähnliche Situationen geraten. Ich bin weder besser noch moralisch höherstehend als sie. Eine heilsame Schuld!

ML: Stolz und Eingebildetheit sind Gift für unsere Beziehungsfähigkeit. Doch das von sich selbst angenommene Versagen ist die Grundlage menschlicher Größe. Nur der innerlich große Mensch kann Schwäche eingestehen. Kleingeister möchten immer groß sein und können Fehler und Schuld nicht vor sich und anderen bekennen. Sie fürchten sich immer vor der Entlarvung der eigentlichen Schwäche. Auf der anderen Seite kann man sich wirklich großmachen, indem man sich ehrlich die eigene Kleinheit vor Augen führt. Ich nenne diesen Prozess „in die eigene Größe hineinwachsen".

Das Unbequeme an Jesus in dieser Geschichte ist, dass er sich nicht korrumpieren lässt. Er bleibt in der Einsamkeit, in der emanzipierten Einsamkeit, wenn er sich jemandem zuwendet: „Du kannst Ja zu mir sagen. Du kannst Nein zu mir sagen." In der heutigen Jugendsprache würde man diese Haltung als cool bezeichnen. Mich erinnert das an die Taizé-Bewegung. Ihr Gründer, Frère Roger Schütz, hat immer nur Zelte aufstellen lassen, als Massen von Jugendlichen in den 1960er-Jahren begonnen haben, an diesen besonderen Ort zu kommen. Auch nach Jahrzehnten des Andrangs ließ er keine festen Häuser bauen. Er wollte keine fixe Infrastruktur schaffen. Es müsse möglich sein, dass die Brüder vielleicht von heute auf morgen wieder nur für sich selbst sein könnten. Er wollte keine zukünftigen Ruinen. Das ist, glaube ich, eine sehr christliche Handlung. Bleiben wir vorläufig? Spirituell zu sein bedeutet, die Vorläufigkeit hier auf Erden auszuhalten, ja, sie sogar zu genießen.

HG: Was uns in eine schwierige Position bringt. Wir haben sehr große, steinerne Zelte aufgeschlagen. Wir haben eine Vielzahl von herrlichen Kirchen, Kapellen und Klosteranlagen, die wir nicht mehr mit der ihnen entsprechenden Anzahl von Menschen „bespielen" können. Aber die Gebäude sind da, Kulturdenkmäler von unschätzbarem Wert, die zu erhalten sind. In Holland wurden in den letzten fünfzehn Jahren mehr als tausend Kirchen profanisiert, das heißt als sakrale Häuser aufgegeben. Wir sind im deutschsprachigen Raum noch nicht an diesem dramatischen Punkt angekommen, aber ein Trend zeichnet sich ab. Diesem zum Trotz kann es auch vom Geist Gottes inspirierte Gegenbewegungen geben – Neubelebungen und Neubesiedelungen von kirchlichen Orten. Ich bin zuversichtlich. Vielleicht könnte gerade die Radikalität Jesu die Grundlage einer Trendumkehr sein. Vielleicht sollten wir die brüskierende Rede von seiner realen Präsenz ernst nehmen. In jeder Eucharistiefeier heißt es doch: „Das ist mein Leib, der für euch hingegeben wird."

ML: Zuversichtlich dürfen wir auf alle Fälle sein. Es wird sich zum Guten fügen. Zuversicht bedeutet einzusehen, dass alles gut wird, ohne zu wissen wie. Wichtig ist, dass wir immer unser Bestes geben. Alles andere dürfen wir staunend betrachten.

HG: Im Verhalten Jesu sehen wir, dass die Freiheit des Menschen für Gott ein heiliges Gut ist. Aus diesem Grund hat er niemanden in seine Nachfolge gedrängt – ganz im Gegenteil, wie wir in dieser Erzählung erfahren haben. Bei anderer Gelegenheit hat Jesus sogar einen jungen Mann weggeschickt, der ihm nachfolgen wollte. Vermutlich war ihm sein oberflächlicher Enthusiasmus suspekt. Jesus mutet radikal Freiheit zu und befreit zur Freiheit. Sie besteht darin, dass ein Mensch fähig wird, in allem, was er sagt und tut, sich selbst zu schenken – nicht getrieben von geträumten Idealen oder gefährlichen Mustern der Selbstverwirklichung. Frei ist, wer sich selbst zum Geschenk, zur Gabe machen kann.

ML: Freiheit ist Menschenwürde. Ich bin unlängst vom Chef eines großen Konzerns gefragt worden: „Wie kann man Mitarbeiter motivieren?" Ich antwortete: „Ich habe eine gute Idee. Man könnte sämtliche demotivierenden Faktoren weglassen. Was übrig bleibt, genügt." Und dieses Prinzip gilt nicht nur für Unternehmen, sondern auch für Vereine, Bewegungen, Freundeskreise, Familien, Paarbeziehungen und auch für die Kirche. Spiritualität bewegt so viele Menschen. Die christliche Gemeinschaft muss Platz machen für Menschen, die in sich eine Hingezogenheit zur Spiritualität verspüren. Manchmal ist der Platz verdammt verstellt. Vorstellungen verstellen den Platz. So ist es doch immer. Zu Pfingsten hat der Heilige Geist als Wind geweht. Machen wir die Fenster so weit auf, dass er in alle unsere Lebensräume hereinkommt.

21

Wahrheit besitzen

Joh 18,33-38

Pilatus ging wieder in das Prätorium hinein, ließ Jesus rufen und fragte ihn: Bist du der König der Juden? Jesus antwortete: Sagst du das von dir aus oder haben es dir andere über mich gesagt? Pilatus entgegnete: Bin ich denn ein Jude? Dein Volk und die Hohepriester haben dich an mich ausgeliefert. Was hast du getan? Jesus antwortete: Mein Königtum ist nicht von dieser Welt. Wenn mein Königtum von dieser Welt wäre, würden meine Leute kämpfen, damit ich den Juden nicht ausgeliefert würde. Nun aber ist mein Königtum nicht von hier. Da sagte Pilatus zu ihm: Also bist du doch ein König? Jesus antwortete: Du sagst es, ich bin ein König. Ich bin dazu geboren und dazu in die Welt gekommen, dass ich für die Wahrheit Zeugnis ablege. Jeder, der aus der Wahrheit ist, hört auf meine Stimme. Pilatus sagte zu ihm: Was ist Wahrheit? Nachdem er das gesagt hatte, ging er wieder zu den Juden hinaus und sagte zu ihnen: Ich finde keine Schuld an ihm.

HG: Wir sind am Schauplatz des bekanntesten Prozesses der Weltgeschichte. Die Szene vor Pilatus ist literarisch durch sieben Einzelszenen gegliedert. Sie finden abwechselnd innerhalb und außerhalb des Amtssitzes des römischen Statthalters statt. Bindeglied ist das nervöse Hin- und Hergehen des Pilatus – ein unübersehbarer Ausdruck seiner extremen Unsicherheit und Überforderung. Jesus greift das Thema des Königtums, mit der Pilatus das Gespräch eröffnet hat, mit einer überwältigenden Deklaration auf: „Mein Königtum ist nicht von dieser Welt." Die Formulierung „nicht von dieser Welt" deutet schon auf das qualitativ Andere seiner Königsherrschaft hin. Der König Jesus braucht keine Waffen und keine Armee. Er verzichtet in radikaler Weise auf Gewalt – auch angesichts der bevorstehenden Verurteilung zum Tod. Jesus beansprucht nicht ein irdisch-politisches Feld, sondern den Geltungsbereich der Wahrheit. Sein „Zeugnis-Ablegen" für die Wahrheit bezeichnet er als den eigentlichen Auftrag seines irdischen Wirkens.

Ein deutliches Mission-Statement würde man heute sagen. Unvergesslich und extrem anspruchsvoll die Aussage, die schon in den Tagen zuvor für Aufregung sorgte: „Ich bin der Weg und die Wahrheit und das Leben. Niemand kommt zum Vater außer durch mich." (Joh 14,6) Auf der Ebene einer rein theoretischen Fragestellung erschließt sich diese Wahrheit nicht. Sie kann nur persönlich bezeugt werden. Es ist anzunehmen, dass Pilatus innerlich bereits wusste, was zu tun wäre – nämlich Jesus freizulassen. Es gab offensichtlich keine stichhaltigen Anklagepunkte gegen den berühmten Gefangenen. Um der von ihm geforderten Entscheidung auszuweichen, stellt er jedoch die berühmt gewordene Frage eines Skeptikers: „Was ist Wahrheit?" Damit versucht er sich freizuspielen und „verkündete lautstark den Zweifel an der Möglichkeit, eine gültige Wahrheit zu erkennen" (Papst Benedikt XVI.). Pilatus „weiß" um die Wahrheit, gibt jedoch dem Druck des aufgehetzten Volkes nach. Aus Feigheit und Bequemlichkeit setzt er eine Tat der Lüge. Übrigens erinnern die Kreuze in den Gerichtssälen an diese wohl berühmteste juridische Fehlentscheidung. Sie mahnen zur Vorsicht, wenn im Namen des Rechts über Wahrheit und Lüge, über Schuld oder Unschuld befunden wird.

ML: Da kommen wir auf das „Kampfwort" Wahrheit. Es gibt viele Wahrheiten, sodass sie wie kaum etwas anderes zu Zwist und Krieg führen.

Die persönliche Wahrheit jedoch, die Pilatus tief in sich spürt und die seine Frau im Traum erlebt, ist die Wahrheitsempfindung – eine stille, leise Information, die jeder von uns in sich trägt. Sie ist es, die uns quasi den eigenen Weg der Wahrheit weist, die intuitive Realität in uns. Im Fall des konfliktscheuen und feigen Pilatus trüben die Emotionen die Einsicht. Er möchte es sich einfach nicht antun, in diesen innerjüdischen Konflikt einzugreifen. Was soll es? Er hat vielleicht Hunger und möchte rechtzeitig zum Essen kommen. Wer von uns ist noch nie ein Pilatus gewesen – im Ignorieren der leisen Stimme der Herzensinformation? Das Pilatus-Sein spielt sich bei uns allen meist auf einem höchst banalen Niveau ab und hat doch existenzielle Auswirkungen. Pilatus verrät die eigene Wahrheit, die er spürt. Und relativiert etwas in ihm selbst, was nicht zu relativieren ist. Trotzdem ist seine Wahrheit subjektiv. In diesem Sinne gibt es nämlich keine Wahrheit, nur Wahrheiten.

Wie Pilatus seine eigene Wahrheit nicht respektiert hat, so respektieren viele jene ihrer Mitmenschen nicht und setzen Wahrheit als Kriegsmittel ein. Ich denke auch an innerkirchliche Konflikte. Immer wieder wird argumentiert, man müsste ja der Wahrheit entsprechen. Hinter dieser Argumentation, so der Verdacht, stehen nicht nur hehre Ziele, sondern möglicherweise auch Machtstreben. Im Sinne der bewährten Methode zeigen sie auf die anderen und rufen: „Haltet den Dieb!" Der inneren Wahrheit zu folgen, das klingt ganz anders, als auf die Wahrheit zu pochen. Wer seiner inneren Wahrheit folgt, übernimmt damit Verantwortung für sich selbst. Er wird seine Wahrheit niemandem aufzwingen wollen, auch wenn er diese mutig und mit fester Stimme vertritt. Der Ausdruck dieser Form radikaler Selbstverantwortung, die mit dem Hören auf die Herzensstimme – vielleicht kann man auch Gewissen sagen – verbunden ist, ist eben mit Sicherheit nicht manipulativ, nicht suggestiv, nicht aufdringlich. So ein Mensch ist auch bereit, sich jederzeit demütigen zu lassen. Das ist die christliche Botschaft. Allerdings wissend – und das macht die Sache dann wieder leicht –, dass er, so er der Wahrheit folgt, letztlich unverletzlich ist. Das zeigt sich in der Geschichte von Jesus.

HG: Und auch in der Geschichte vieler christlicher Märtyrer – Frauen und Männer, die ein Zeugnis für die Wahrheit abgelegt und damit ihr Leben aufs Spiel gesetzt haben. Ihnen stand „die Wahrheit" ihres Glaubens, die Gestalt Jesu, ganz deutlich vor Augen. Daran haben sie sich aufgerichtet und eine Unerschrockenheit entwickelt, die sie in allen Misshandlungen und Demütigungen stark gemacht hat. Sie haben die Wahrheit nicht relativiert. Aber sie haben ihre Wahrheit auch nicht mit Gewalt verteidigt oder durchzusetzen versucht.

Das Zweite Vatikanische Konzil spricht im Dekret über die Religionsfreiheit mit einer Selbstverständlichkeit sondergleichen von Wahrheit. Aber immer in einem Atemzug mit Gewaltfreiheit. Das ist auch die Wahrheit Jesu. Sie beschämt alle, die wegen kleinster Nachteile oder vergleichsweise harmlosen Anfeindungen bereit sind, ihre wirklichen Überzeugungen aufzugeben oder dem vermarkteten Mainstream anzupassen. Der von den Nationalsozialisten 1943 ermordete und 1996 seliggesprochene Pater Jakob Gapp ist das Beispiel eines derartig unbestechlichen Zeugen der Wahrheit. Ihm wurde die Erlaubnis zum Unterricht entzogen, weil er an den Schulen in Breitenwang und Reutte in Tirol das Gebot der Nächstenliebe ohne Unterschied auf Nationalität und Religion propagierte.

Wir beobachten heute vielfach einen Druck zur Meinungskonformität, dem der Einzelne nur schwer widerstehen kann. In den vielen ethischen Fragestellungen unserer Zeit sind wir zu einem sehr leichten Treibgut von vorgekauten Meinungen und ökonomischen Interessen geworden. Widerstand im Namen der Wahrheit? Die Fragestellung scheint überholt zu sein. Dennoch fordern uns die vielen „Zeugen" quer durch die Jahrhunderte mit der Frage heraus, ob es in unserem Leben noch „eine Wahrheit" gibt, für die es sich zu sterben lohnt. Unzählige Geschundene im Laufe der Geschichte haben sich zumindest im Wissen um eine größere Wahrheit aufgerichtet. Dieser Schatz konnte ihnen nicht genommen werden.

ML: Die Verführung des sozialen Vorteils, des wirtschaftlichen Vorteils, des psychologischen Vorteils führt dazu, dass wir uns selbst verraten. Der einzige Verrat, der wirklich relevant ist, ist der Selbstverrat. Auch Petrus hat Jesus verraten. Jedoch bei näherer Betrachtung hat er eigentlich vielmehr sich verraten – ist seinen eigenen Grundsätzen, seiner Freundschaft und Liebe zu Jesus nicht gerecht geworden. Wenn es uns gelingt, den Selbstverrat einzusehen, schämen wir uns. Die Scham entsteht durch die Einsicht, die eigene Würde verloren zu haben. Da sind wir wieder beim „König". Auch wir sind Könige, wenn es uns gelingt, den Verführungen zu widerstehen und unseren Weg zu gehen – am Weg zu bleiben, nicht abzuweichen. Die Schmerzen, die Demütigungen, die Erniedrigungen des Lebens sind Teil der Krone, die bei jedem gereiften Menschen eine Dornenkrone bilden. Die Kronen, die Ansehen und materielle Gier repräsentieren, sind Imponiergehabe – ein lächerlicher Versuch, mittels Macht und Geld die Selbstentwürdigung zu vertuschen.

HG: Niemand besitzt die Wahrheit, man kann sie immer nur neu suchen und bezeugen. Sie entzieht sich jedem vereinnahmenden Zugriff. Diese Klarstellung könnte so manche fruchtlose Diskussion um „die Wahrheit" entkrampfen, in denen sie leicht zum abartigen Kampfbegriff wird, wie du mit Recht schon betont hast. Aber ich behaupte, dass es neben der uns innewohnenden Wahrheit – die Herzensstimme, wie du sie bezeichnest – auch noch einen Anruf von Wahrheit gibt, der „von außen" auf uns zukommt. Sie zeigt sich in der Wirklichkeit, die mit einer schier unüberschaubaren Fülle oftmals brutaler Fakten auf uns hereinbricht. Von Alfred Delp, Jesuit und Mitglied des Kreisauer Kreises im Widerstand gegen den Nationalsozialismus, stammt der Satz: „Gott umarmt uns mit der Wirklichkeit." Entsprechend dieser Aussage gehören die Mystik der Innerlichkeit und die Mystik der Äußerlichkeit untrennbar zusammen. Niemandem, der sein Leben verantwortungsbewusst gestalten möchte, bleibt ein Ringen um eine rechte Deutung der harten Wirklichkeit erspart. Ausschließlich auf die innere Stimme zu hören, könnte leicht zur Flucht in eine abgeschiedene Sonderwelt führen – was du natürlich nicht meinst.

Gerade angesichts der Unüberschaubarkeit theoretisch abrufbarer Datenmengen, die uns im digitalen Zeitalter zur Verfügung stehen, taucht die nackte Frage auf: Was ist von Bedeutung? Was ist wahr? Angesichts der Fülle an Informationen und News, die täglich auf uns einprasseln, ist die klärende Frage nach der möglichst unverstellten Wahrheit unausweichlich. Die immer raffinierteren Manipulationsmöglichkeiten von Fakten treiben uns in gefährliche Zerrbilder der Wirklichkeit. Fake News zur Diskreditierung politischer Gegner sind nur eine Fratze dieses

Phänomens. Die Unterscheidung zwischen Recht und Unrecht, Menschlichkeit und Barbarei kommt jedoch ohne die uralte Frage nach der Wahrheit nicht aus. Auf der anderen Seite ist bei allen selbst ernannten „Wahrheitsbesitzern" der Verdacht der Ideologie anzumelden. Fundamentalismen aller Art propagieren doch, die scheinbar „reine" Wahrheit zu besitzen. Damit ist sie meist schon beschädigt oder zumindest in ein fragwürdiges System gesperrt. Das ist ebenso ein Missbrauch von Wahrheit wie ihre banale Relativierung zu einer Frage des Geschmacks. Die je größere Wahrheit kann nur ständig demütig gesucht und bezeugt werden. Niemand steht über ihr. Deswegen bezeichnet sich Jesus selbst als „Zeuge der Wahrheit".

ML: Die Aussage Jesu „Ich bin der Weg, die Wahrheit und das Leben" verstehe ich als Aufforderung, das Erlöste in uns als das Wesentliche zu begreifen und dem zu folgen. Das heißt, sich treu zu sein. Das ist wahre Selbstverwirklichung. Man fühlt sich nicht wirklich wohl, viel eher unbehaglich, wenn man dem nicht entspricht.

HG: Das wäre ein Leben in der Lüge. Wir sollten uns vielmehr leiten lassen vom „Versuch, in der Wahrheit zu leben" – so der Titel eines der wichtigsten politischen Texte von Václav Havel, der Symbolfigur des Prager Frühlings. Der 2011 verstorbene Schriftsteller und Philosoph, der nach der Wende Präsident des neuen demokratischen Staates wurde, speiste seine moralische Absage an die Lüge des Systems aus einer alten hussitischen Quelle: „Suche die Wahrheit, höre die Wahrheit, lerne die Wahrheit, liebe die Wahrheit, sprich die Wahrheit, bleib bei der Wahrheit, verteidige die Wahrheit bis zum Tod."

22

Erschreckend real und herrlich

Lk 24,36-45

Während sie noch darüber redeten, trat der Auferstandene selbst in ihre Mitte und sagte zu ihnen: Friede sei mit euch! Sie erschraken und hatten große Angst, denn sie meinten, einen Geist zu sehen. Da sagte er zu ihnen: Was seid ihr so bestürzt? Warum lasst ihr in eurem Herzen Zweifel aufkommen? Seht meine Hände und meine Füße an: Ich bin es selbst. Fasst mich doch an und begreift: Kein Geist hat Fleisch und Knochen, wie ihr es bei mir seht. Bei diesen Worten zeigte er ihnen seine Hände und Füße. Als sie es aber vor Freude immer noch nicht glauben konnten und sich verwunderten, sagte er zu ihnen: Habt ihr etwas zu essen hier? Sie gaben ihm ein Stück gebratenen Fisch; er nahm es und aß es vor ihren Augen. Dann sagte er zu ihnen: Das sind meine Worte, die ich zu euch gesprochen habe, als ich noch bei euch war: Alles muss in Erfüllung gehen, was im Gesetz des Mose, bei den Propheten und in den Psalmen über mich geschrieben steht. Darauf öffnete er ihren Sinn für das Verständnis der Schriften.

HG: Eine Menschenrechtsaktivistin aus Graz, die sich auf faszinierende Weise für eine respektvolle Begleitung und gesellschaftliche Integration von afghanischen Flüchtlingen einsetzt, schreibt mir in einer E-Mail-Nachricht: „Es gibt so viel zu tun! Wir dürfen diese Menschen auf keinen Fall im Stich lassen. Ja, es gibt Misserfolge, sehr traurige, doch wir dürfen auf keinen Fall aufgeben! … Wir sollten nicht beginnen hier abzuwägen, wer mehr wert ist! Es geht um Menschen! … Ich stelle mir ab und zu vor, wie das sein wird, wenn ich die Welt verlassen werde … das dauert ja noch, trotzdem! Ich möchte, dass mein Herz in Liebe schwingt, ich denke, so werde ich mich lösen können von dem Leben, das ich so sehr liebe und das mich mit Dankbarkeit erfüllt, wenn ich zurückdenke!"

Die Intensität ihres sozialen Engagements und ihres Glaubens berührt mich. Sie speist ihre Arbeit trotz aller Anflüge von Verzweiflung aus der Gewissheit, von einer größeren Liebe getragen zu sein. Diese Gewissheit ist die Mitte des christlichen Glaubens. Sie erschließt sich nicht allen. Zu fremd, zu weltfremd scheint der Glaube an die geheimnisvolle Gegenwart des lebendigen Christus zu sein. Ohne eine persönliche Erfahrung, ohne eine Begegnung mit ihm bleibt dies tatsächlich nur Geschwätz. Aber der Auferstandene kann Menschen anrühren. Ich denke an mehrere lichtvolle Osternachtgottesdienste, in denen wildfremde Leute, die eher aus Neugierde teilgenommen hatten, sich zum Abschluss mit Freudentränen in den Augen umarmten. Sie haben ein Plus an göttlicher Gegenwart erlebt, sie wurden angesprochen und innerlich bewegt. Nur eine Einbildung? Ich denke nicht.

Der faszinierende Text aus dem Lukasevangelium liest sich wie ein Nachhilfeunterricht zum Verständnis dieser neuen Wirklichkeit. Der von den Toten erstandene Christus ist die fremde Gestalt par excellence. Die Erzählung beginnt mit seinem realen Auftritt. Unerwartet ist er plötzlich da – kein Phantom, kein eingebildeter Geist, sondern göttliche Gegenwart inmitten einer totalen Leere. Der Auferstandene spricht die verzagten Jünger an und beschenkt sie mit seinem Frieden: Shalom! Das hebräische Wort meint eine umfassende Lebensfülle. Er macht ihnen keinen Vorwurf angesichts ihres offensichtlichen Versagens und es gibt keine peinliche Aufarbeitung des Vorgefallenen. Der Auferstandene schenkt Vergebung und Frieden. Eine faszinierende Pädagogik, die sich an diesem Auftritt Jesu abzeichnet.

ML: Verblüffend an diesem Text ist sicherlich, dass Jesus den gebratenen Fisch isst. Er zeigt damit seinen Freunden: Ich bin auch nach meinem Tod ganz bei euch, so wie es vorher war. Hinsichtlich der Gegenwärtigkeit ist durch den Tod nichts passiert. Trotz des Todes ist alles da. Trotz des Verlustes ist alles da, was wir zum Leben brauchen. Das ist kein leeres Versprechen. Das kann jeder Mensch erfahren, wenn er sich hingeben kann. Jesus zeigt an dieser Stelle, wie man jemanden trösten kann. Ganz da sein heißt die Therapiemethode. Und dann, wenn man getröstet ist, merkt man es daran, dass das Herz zur Ruhe kommt. Schlicht da zu sein, sich jemandem wirklich zeigen sind einfache Maßnahmen, die so viel in den Menschen lösen können. Sie können Probleme gleichsam auflösen, weil sie erlösend sind.

HG: Halten wir uns noch kurz an den Verlauf des Nachhilfeunterrichts. Die erste Lektion ist eine Hinführung zum bewussten Schauen und sinnlichen Wahrnehmen. Demonstrativ zeigt Jesus seine verwundeten Hände und Füße. Der vom Tod Auferweckte ist mit einem neuen verklärten Leib präsent, real präsent – zum Anfassen und „Begreifen". Die Wundmale Jesu haben den Jüngern das Wiedererkennen erleichtert, aber auch ihr totales Versagen vor Augen geführt. Eine aufkeimende Freude stellt sich ein, auch wenn das irritierte Erstaunen noch überwiegt: einfach zu schön, um wahr zu sein!

Die zweite Lektion ist das demonstrative Essen von einem Stück Fisch. Selbstverständlich erinnerten sich die Jünger dabei an die vielen Mahlzeiten mit Jesus. Sie haben bei diesen aufregend bunten Tischgemeinschaften, von denen niemand ausgeschlossen wurde, schon einen Vorgeschmack auf den Himmel bekommen. Und jetzt ist er wieder da! Diese Lektion erweist sich dennoch als harter Brocken – nicht nur für uns Heutige. Immer schon waren die Frommen versucht, die Leiblichkeit nicht ganz ernst zu nehmen. Was soll denn das bedeuten, dass Jesus leiblich auferstanden ist und einen Fisch isst? Das ist doch viel mehr als nur eine vage Hoffnung, dass es nach dem Tod irgendwie weitergeht. Der altkirchliche Autor Tertullian prägte die Kurzformel: „Caro cardo salutis." – „Der Leib ist der Weg des Heils." „Cardo" hieß in der altrömischen Stadt immer die Hauptstraße. Man könnte es also heute etwas salopp übersetzen: „Der Leib ist die Autobahn zum Heil." Wenn man sich diese Formulierung auf der Zunge zergehen lässt, wird man sich von der spirituellen Leibfeindlichkeit wohl endgültig verabschieden müssen. Die letzte Lektion im nachösterlichen Nachhilfeunterricht ist der Hinweis auf das göttliche Wort. Die Tora, die Propheten und die Psalmen waren die eigentlichen Lehrautoritäten. Wenn in ihnen alles bezeugt ist, was sich jetzt vor den wirklichkeitsscheuen Augen abspielt, dann muss es doch stimmen. Ganz real, erschreckend real und herrlich!

ML: In dieser Erzählung kann man so schön nachvollziehen, wie wir etwas Unglaubliches erfassen können. Den Jüngern wird langsam, langsam begreiflich, wie alles zusammenhängt. Es wird ihnen begreiflich, dass das Unglaubliche bereits in den Erfahrungen der Vergangenheit immanent war. Die Integration des Unglaublichen in die Wirklichkeit ist ein kreativer Akt. Das Unglaubliche wird mit der Zeit realisiert, dadurch wird es glaubwürdig. Auch wir müssen uns immer wieder die Mühe machen, uns mit dem Unglaublichen unseres Lebens anzufreunden! Einfach irgendetwas zu glauben, ist naiv und kann Menschen abhängig machen. Wenn wir uns jedoch diese Mühe antun, wird unsere Welt nicht nur aus dem bestehen, was wir einmal erfahren haben, sondern sich erweitern. Spiritualität ist die Anerkennung des Magischen, des Zauberhaften, des Unglaublichen im Leben. Wir werden aufblühen wie ein Rosenstock, der vom Blühen nicht genug bekommen kann.

HG: Dein Hinweis auf das Aufblühen legt die Spur zur Erzählung von der Begegnung des Auferstandenen mit Maria von Magdala (Joh 20). Sie, die heilige Apostolin, lief frühmorgens sehnsuchtsvoll zum Grab. Aber zu ihrem Entsetzen war der Leichnam Jesu weg. Angetroffen hat sie scheinbar nur „einen Gärtner". Als dieser jedoch ihren Namen nannte, wurde ihr die Verwechslung bewusst. Jesus selbst – in der fremden Gestalt. Der Auferstandene ist der Gärtner des neuen Lebens. Er bringt das Todgeweihte zum neuen Blühen. Das Leben hat mit ihm eine neue Mitte und Ausrichtung.

Allerdings braucht es zum Erhalt der entfesselten Blühkraft eine konsequente Neuausrichtung unserer Lebensmentalität – eine Umkehr des Herzens. Der „alte Sauerteig" muss entfernt werden, wie es Paulus ausdrückt. Der alte Teig des Nörgelns, der ungezähmten Gier und Lüge. Der neue Teig ist die Gewissheit, dass die Liebe stärker ist als jede Form von Bosheit und Hass. Ohne sie bleiben wir Gefangene einer tiefgründigen Traurigkeit und einer offenkundigen, wenn auch oft glanzend verdrängten Angst vor dem Tod. Aufstehen ist durch die Gegenwart des Auferstandenen möglich. Die Erzählung vom unvermuteten Erscheinen des Auferstandenen trägt eine enorme Widerständigkeit gegen alle Anflüge von Verzweiflung in sich. Menschliches Leben ist letztlich keine Prozession in Richtung Grab oder Auslöschung …

ML: … sondern eine Prozession hin zu einer größeren Liebe. Lebendige Menschen sind ausgerichtet auf ihre eigene spirituelle Wirklichkeit. Darin liegt schon in der Jetztzeit die Ewigkeit. Paarbeziehungen beginnen gewöhnlich mit einer Verliebtheitsphase. Für verliebte Menschen ist die Welt verzaubert. Nichts ist mehr so, wie es einmal war. Probleme, die man hat, verblassen, ohne gelöst zu sein. Der Zauber färbt alles ein. Leider hält er nur kurz an. Das ist dann die Nagelprobe der Liebe: Gibt es eine Verbindung über die Illusion der Verbundenheit, der Verliebtheit hinaus oder nicht? Wenn es so ist, kann man erleben, dass die Beziehung viel mehr ist als das, was sie zu sein scheint. Im Prinzip gilt das natürlich auch für andere Beziehungen, insbesondere für wahre Freundschaften. Es ist das scheinbar Unwirkliche, das unseren Beziehungen die Fülle, die Würde, den wahren Wert gibt. Ohne die Magie der Liebe werden unsere Beziehungen fahl und leer, auch langweilig. Im Uninteressanten sprosst der Keim des Zerfalls. Der erlöste Mensch ist vom Zauber der Lebendigkeit beseelt.

HG: Die fremde Gestalt des Auferstandenen ist eine großartige Herausforderung. Sie lockt uns aus den vielen selbst gewählten Gräbern jetzt schon heraus. Wer sich auf eine Begegnung mit ihm einlässt, wird von der Qualität und Frische eines neuen Lebens überrascht sein. Letztlich geht es im christlichen Leben immer um diese österliche Dimension, um die Lebensgemeinschaft mit dem gegenwärtigen Christus. Das verändert alles.

23

Die Fragen sind bekannt

Mt 25,31-33.41-46

Wenn der Menschensohn in seiner Herrlichkeit kommt und alle Engel mit ihm, dann wird er sich auf den Thron seiner Herrlichkeit setzen. Und alle Völker werden vor ihm versammelt werden und er wird sie voneinander scheiden, wie der Hirt die Schafe von den Böcken scheidet. Er wird die Schafe zu seiner Rechten stellen, die Böcke aber zur Linken.

Zu denen auf der Linken wird er sagen: Geht weg von mir, ihr Verfluchten, in das ewige Feuer, das für den Teufel und seine Engel bestimmt ist! Denn ich war hungrig und ihr habt mir nichts zu essen gegeben; ich war durstig und ihr habt mir nichts zu trinken gegeben; ich war fremd und ihr habt mich nicht aufgenommen; ich war nackt und ihr habt mir keine Kleidung gegeben; ich war krank und im Gefängnis und ihr habt mich nicht besucht. Dann werden auch sie antworten: Herr, wann haben wir dich hungrig oder durstig oder fremd oder nackt oder krank oder im Gefängnis gesehen und haben dir nicht geholfen? Darauf wird er ihnen antworten: Amen, ich sage euch: Was ihr für einen dieser Geringsten nicht getan habt, das habt ihr auch mir nicht getan. Und diese werden weggehen zur ewigen Strafe, die Gerechten aber zum ewigen Leben.

HG: Im Gymnasium, und speziell vor der Matura, hätten wir einiges geboten, wenn es möglich gewesen wäre, die Prüfungsfragen vorher zu bekommen. Was den Abschluss unseres Lebens betrifft, beziehungsweise die entscheidende Begegnung mit dem Weltenrichter, sind uns die finalen Prüfungsfragen bekannt. Es ist möglich, dass wir uns damit auf die Begegnung mit ihm vorbereiten. Jesus, der zukünftige Menschensohn, identifiziert sich mit seinen geringsten Brüdern und Schwestern. Es hat universale Bedeutung: „Wenn der Menschensohn in seiner Herrlichkeit kommt", werden alle Menschen davon betroffen sein. Alle werden vor ihm versammelt und es geschieht eine Trennung in Gesegnete und Verfluchte. Jesus spricht von seiner Realpräsenz in den Hungrigen, Fremden, Gefangenen, Kranken, Obdachlosen ... Es ist ein Anruf Gottes, ein dringlicher Appell, dass wir diese vielen Gesichter der Not nicht übersehen. Die erstaunte Frage „Wann haben wir dich so und so gesehen?" impliziert, dass die Notleidenden ein besonderer „Ort" der Gegenwart Jesu in unserer Welt sind. Er ist in den Armen und Bedrängten real präsent. Nicht weniger präsent als in seinem Wort oder in der lebendigen Gestalt der Eucharistie. Jesus identifiziert sich unmissverständlich mit dem Schicksal der Leidenden, ob uns das passt oder nicht. Ihnen nahe zu sein, heißt Christus zu dienen. Ihren Leib zu pflegen, zu waschen und zu versorgen, heißt den Leib Christi zu lieben. Auch dies zu wissen, ist nicht entscheidend. Nur die Liebe zählt. Sie berechnet nicht, sie sucht nicht ihren Vorteil.

Ich erinnere mich an mein soziales Praktikum bei den Mutter-Teresa-Schwestern in den South Bronx in New York. Ich durfte in ihrer Notschlafstelle für Obdachlose und bei der täglichen Essensausgabe als Freiwilliger mitarbeiten. Das „House of Peace" befand sich betreffend soziale Verwahrlosung, Verbrechen und Drogengeschäft im brutalsten Viertel der Metropole. Eines Abends hat mich eine Schwester gerufen und gesagt: „Hermann, komm, vor unserer Haustür liegt Jesus!" Ich hatte einen gewissen Vorbehalt gegen diese spirituell übertriebene Formulierung. Als ich jedoch den Mann vor unserem Haus sah, ist mir die tiefe Wahrheit dieser Aussage bewusst geworden. Er war von einer Bande zusammengeschlagen worden. Sie hatten ihm beide Schienbeine zertrümmert und wie Abfall vor unsere Haustür gekippt. Er hat vor Schmerzen nur mehr gewinselt – eine eindringliche Stimme Jesu.

ML: 1992 wurden von Wissenschaftlern erstmals die sogenannten Spiegelneuronen beschrieben. Diese Entdeckung ermöglichte die neurobiologische Erklärung für das Mitgefühl. Wenn ein Mitmensch trauert, kann man diese Trauer in sich spüren. Es ist uns zwar nach wie vor möglich zu unterscheiden, ob die Trauer einen selbst betrifft oder es um eine Mittrauer handelt. Trotzdem haben viele Menschen große Schwierigkeiten mit anderen, weil sie mit dem von ihnen ausgelösten Gefühl nicht zurechtkommen. So kommt es nicht selten vor, dass jemand, der eigentlich zu trösten wäre, jene trösten muss, die trösten sollten. Ein Freund von mir, der in seinen Vierzigern an Krebs sterben musste, konnte am Ende seines Lebens seine Eltern nur mehr selten zu einem Krankenbesuch empfangen, weil ihm, der voller Trauer war, die Kraft fehlte, seine Eltern zu trösten.

Nun ermutigt uns Jesus, uns jenen Menschen zu stellen, die uns zufällig im Leben begegnen. Oft stellen wir uns gegeneinander, um uns zu schützen. Die christliche Botschaft des Endgerichts informiert uns, dass diese Schutzbewegung etwas ist, was uns selbst fundamental gefährdet. Jesus ermutigt uns, aus der göttlichen Verbundenheit heraus zu handeln und nicht das eigene Ego retten zu wollen. Haben wir zur göttlichen Verbundenheit in uns Kontakt, sind wir mit jeglicher Kreatur in Verbindung. Das ist auch die befreiende Botschaft des Franz von Assisi. Wie mühsam ist doch ein Leben mit verschlossenem Herzen. Wir sollten uns das einfach nicht mehr antun, wiewohl das leichter gesagt als getan ist. Jene mit dem offenen Herzen sind die Gesegneten! Ist es nicht so?

HG: Ja, und den Gesegneten werden die Verfluchten gegenübergestellt, die sich im Grunde selbst ins Unheil gestürzt haben. Sie haben eine einzigartige Chance auf dem Weg zum Heil verpasst, weil sie ausschließlich auf ihr eigenes Wohlergehen fixiert waren. Die Begegnung mit dem endzeitlichen Richter wird für sie zur großen Enttäuschung, weil sie es versäumt haben, sich mit Werken der Barmherzigkeit den Notleidenden zuzuwenden. Sie waren ihr Leben lang Gefangene ihrer selbst. Sie hatten nur sich selbst im Fokus ihrer Sorge und Aufmerksamkeit.

ML: Die Selbstverteidigung des eigenen Egos ist eine Sisyphusarbeit, die definitionsgemäß nie zu einem Ende kommt. Auf den anderen zu vergessen, ihn nur zur eigenen Stabilisierung zu missbrauchen und sich selbst uneingeschränkt in den Mittelpunkt zu stellen nennt man narzisstisch. Dadurch werden diese Menschen mit der Zeit sehr einsam, mit der Zeit wird ihre Einsamkeit selbst für sie selbst unübersehbar. Das führt dazu, dass man in der Begegnung mit ihnen unter der glitzernden Oberfläche immer Verzweiflung ahnen kann.

HG: Das unmissverständliche Kontrastbild der Verfluchten ist ein starker Appell. Es bringt uns zu Bewusstsein, dass unser Leben kein unverbindliches Spielen in der Sandkiste ist – bis wir eines Tages vom Herrn der Geschichte aus dem Spieleparadies herausgepfiffen werden. Das wäre ein Zerrbild eines letztlich banalen Lebens, ohne Relevanz für Gegenwart und Zukunft. Das Gegenteil ist der Fall: Alles, was wir tun oder unterlassen, hat eine Bedeutung für den Himmel. Wir schreiben eine reale Geschichte. Die Rede Jesu versucht uns aufzuwecken. Es geht nicht um eine Beschreibung jenseitiger Verhältnisse, sondern um einen Aufruf zur Umkehr. Jesus möchte uns mit seiner unbequemen Rede in eine heilsame Unruhe versetzen. An unserem Verhalten gegenüber den Schwächsten in unserer Gesellschaft entscheidet sich Segen oder Fluch. Stärker kann man die Ernsthaftigkeit unserer Lebensführung nicht vor Augen stellen. Im Alten Testament gibt es eine vergleichbare Stelle, sie lautet: „Leben und Fluch lege ich dir heute vor. Segen und Fluch. Wähle also das Leben!" (Dtn 30,19)

ML: Eigenartigerweise können Menschen leben, ohne sich lebendig zu fühlen. Das Leben zu wählen heißt also nicht nur zu leben, sondern richtig lebendig zu sein. Wie kann man seine eigene Lebendigkeit fördern? Nun, jeder von uns kennt die Erfahrung einer erschöpfenden Kommunikation mit Menschen, die einem scheinbar die Energie absaugen. Das passiert einem mit Menschen, die so tun, als würden sie mit ihrem Gegenüber einen Dialog führen, in der Tat jedoch monologisieren. Solche Pseudobegegnungen ermüden. Man verliert Lebendigkeit in einem atemberaubenden Tempo. Das erinnert mich an eine Fahrt mit einem der ersten Allradautos vor vielen Jahren. Wir schalteten auf Allradmodus und konnten die Nadel der Benzinanzeige bei ihrem Niedergang beobachten, so viel Sprit verbrauchte das Auto. Wenn man aber im Gegenteil müde ist und man kommt mit Menschen in echte Begegnung, dann spürt man Kraft, Energie, Lebendigkeit in sich. Das heißt, wenn wir unser Herz öffnen, wählen wir das Leben.

HG: Ich möchte unbedingt nochmals unsere Mitverantwortung für das gegenwärtige und zukünftige Schicksal unserer globalisierten Welt betonen. Die Verantwortung für die weltweiten Schieflagen betreffend eine angemessene Verteilung von Gütern und Lebenschancen können wir nicht ausschließlich auf scheinbar nicht zu ändernde Strukturen abschieben. Wirtschafts- und Finanzsysteme, die eine unstillbare Gier nach immer mehr Besitz und Macht beflügeln, sowie die dazugehörigen ökonomischen Mechanismen, die die aktuellen Unrechtsverhältnisse festschreiben, sind das Werk von Menschen.

„Wir lassen Millionen verhungern!" Jean Ziegler, der viele Jahre als Sonderberichterstatter bei der UNO für das Recht auf Nahrung tätig war, wird nicht müde, auf den größten Skandal unseres Jahrhunderts hinzuweisen. Und wir treiben mit den weltweiten Schadstoffemissionen unsere „Schwester Erde" in die finale Erschöpfung! Die Anzeichen sind ganz deutlich zu erkennen. Effektive Gegensteuerungen und Veränderungen in unserem Lebensstil lassen zu wünschen übrig. Wir wollen nicht wirklich gestört werden – auch nicht von der unbequemen Umwelt-Enzyklika von Papst Franziskus. Im berühmten Schreiben „Laudato si'" stellte er unter anderem fest, dass „diese Art von Wirtschaft tötet". Stattdessen beuten wir die noch vorhandenen Ressourcen aus, um den westlichen Lebensstandard auf Teufel komm raus zu prolongieren. All das zu übersehen, kommt einer Realitätsverweigerung gleich, von der in der Endzeitrede unmissverständlich gesprochen wurde. Mit minimaler Fantasie lässt sich die Ergänzung der Liste der endzeitlichen Prüfungsfragen vorstellen. Wir wissen Bescheid. Ausreden zählen nicht mehr.

ML: Es klingt eigenartig, wenn sich Einzelne, die sich in keiner Machtposition befinden, aufmachen, Verantwortung für globale Verhältnisse übernehmen zu wollen. Freilich wäre es naiv zu glauben, maßgeblich gegensteuern zu können. Wir sind jedoch in aufregender Weise systemisch verbunden. Diese Verbundenheit macht uns zu einem Teil des Netzwerks, das religiöse Menschen Schöpfung nennen. Es geht darum, diesen Umstand zu verstehen und ihm Rechnung zu tragen. Das klingt nach wenig, ist jedoch eine radikale Forderung.

HG: Trotz der Ernsthaftigkeit dieses Appells ist es mir wichtig, darauf hinzuweisen, dass das Kapitel 25 nicht das letzte im Evangelium ist. Das letzte Wort hat die Erlösung durch Christus – und nicht das noch so hingebungsvolle soziale Engagement des Menschen, der sich von der Gerichtsrede Jesu hoffentlich aufwecken lässt.

24

Der Traum vom Reich

Lk 17,20-24

Als Jesus von den Pharisäern gefragt wurde, wann das Reich Gottes komme, antwortete er: Das Reich Gottes kommt nicht so, dass man es beobachten könnte. Man kann auch nicht sagen: Seht, hier ist es!, oder: Dort ist es! Denn siehe, das Reich Gottes ist mitten unter euch.

Weiters sagte Jesus zu den Jüngern: Es werden Tage kommen, in denen ihr euch danach sehnt, auch nur einen von den Tagen des Menschensohnes zu sehen; doch ihr werdet ihn nicht sehen. Und man wird zu euch sagen: Siehe, dort ist er! Siehe, hier ist er! Geht nicht hin und lauft nicht hinterher! Denn wie der Blitz von einem Ende des Himmels bis zum andern leuchtet, so wird der Menschensohn an seinem Tag erscheinen.

HG: Solange die Menschheit existiert, gibt es den unausrottbaren Traum vom Anbruch eines göttlichen Reiches. Auch das „Tausendjährige Reich" Adolf Hitlers hat diese Klaviatur der Sehnsucht bespielt. Es ist für Millionen von Menschen zum tödlichen Albtraum geworden. Jesus sagt unmissverständlich: Lasst euch nicht verführen! Lauft den Verführern nicht nach. Die uralte Frage nach Zeit und Ort für das Reich Gottes beantwortet er unmissverständlich zurückweisend – zweimal mit einem „nicht". Nicht so, dass man es an äußeren Phänomenen beobachten könnte. „Das Reich Gottes ist kein Spektakel. Das Spektakel ist oftmals die Karikatur des Gottesreiches", sagt Papst Franziskus. Es wächst im Stillen ohne großes Aufsehen. Auch entzieht sich das Reich Gottes einer zeitlichen und räumlichen Einordnung.

Jesus fordert einen klaren Verzicht auf scheinbar spirituelles Wissen über zukünftige Ereignisse. Außerdem würde diese Art von Spekulation den Blick verstellen auf die eigentliche Sensation: Das Reich Gottes ist jetzt schon da – und kein Ereignis in unfassbarer Zukunft! Das von Neugierde und gleichzeitig mindestens so intensiv von Angst geleitete Fragen holt Jesus zurück in die Gegenwart. Mit ihm ist das Reich Gottes jetzt schon gegenwärtig. Mit dieser Klarstellung enttäuscht Jesus viele Endzeitspekulanten – ob von einer wirklichen Sorge um die Zukunft der Menschheit geleitet oder von raffinierten Marktinteressen getrieben. Mit Jesus ist der Himmel schon da! Es braucht darüber hinaus keine privaten Offenbarungen, kein esoterisches Wissen oder andere Informationen. So radikal einfach ist das mit dem Reich Gottes, nicht wahr?

ML: „Und wäre Christus tausendmal in Betlehem geboren, und nicht in dir: Du bliebest doch in alle Ewigkeit verloren." Diese bekannten Worte von Angelus Silesius ermutigen, die Botschaft von Jesus umfassend als gegenwärtig zu begreifen. In allen Weltreligionen geht man von der Dualität der Existenz des Menschen aus. Einerseits sind wir das, was vergänglich ist. Wir erleben diese Seite von uns alltäglich. Alles hat einen Anfang und ein Ende. Andererseits gibt es aus spiritueller Sicht etwas Immaterielles, etwas Unsterbliches in uns. Diese Seite unserer Existenz ist nie wirklich evident. Sie eröffnet sich uns durch einen zarten Anklang, wird jedoch nie zum Ton. Sie ist ein Hauch, der bereits dann unmerklich geworden ist, wenn wir darüber reden wollen. Was können wir also über die beiden Seiten in uns sagen? Die eine fühlt sich real an, ist jedoch unbeständig. Wir sind nur dann Realisten im Leben, wenn wir uns diese Unbeständigkeit eingestehen. Die andere Seite ist dem Wesen nach unfassbar, ist aber in einer zauberhaften Beständigkeit spürbar. Die spirituelle Erfahrung ist die Erfahrung der reinen Verbundenheit. Alles andere ist Theologie.

HG: Ich habe mehrmals Menschen erlebt, die sich durch parapsychologische Praktiken, Wahrsagerei, Karten und anderen Kram die Zukunft voraussagen ließen und unter diesem scheinbaren Wissen sehr gelitten haben. Sie waren nicht mehr frei. Alles, was sie gedacht und getan haben, hat sich auf dieses fiktive Ereignis hin orientiert – entweder, um es zu verhindern oder in bedrängender Weise schon überall gegenwärtig zu sehen. In einem vulgären Bild ausgedrückt: Ich hatte den Eindruck, als ob diesen Menschen jemand ins Hirn – oder besser ins Herz – gespuckt hätte. Für alles Geschehen hatten sie schon einen realen, wenn auch negativen Bezugspunkt. Es hat viel Mühe, viele befreiende Gebete und viel Zeit gekostet, bis sie wieder zu ihrer ursprünglichen Freiheit zurückgefunden haben.

Das Wissen um die Zukunft bleibt Gott vorbehalten. Für den Menschen ist es ein verbotenes Wissen. Diesen Vorbehalt auszuhalten ist wichtig – auch wenn dies nicht immer leicht ist. In den Mythen und Märchen gibt es dafür die Motive der Kammer, die nicht zu betreten ist, von einem Schlüssel, den man nicht benützen sollte, oder von einem Baum, dessen Frucht zu essen verboten ist. Die Nichtbeachtung dieser Vorgaben und Verbote wird nicht mit der ersehnten größeren Freiheit belohnt, sondern tragischerweise mit ihrem Gegenteil. Es geht also nicht um Wissen, sondern um Vertrauen. Karl Rahner hat für die Auslegung der Texte vom Ende der Welt und dem Einbruch des Reiches Gottes die „goldene Regel" vorgeschlagen: Die Texte stillen nicht unsere Neugier. Sie offenbaren nur das, was zum vertrauensvollen Verständnis der Gegenwart notwendig sei.

ML: Mit dem Vertrauen ist dann die Neugier zwar nicht gestillt, jedoch nicht mehr virulent. Von Buddha werden folgende Worte überliefert: „Die Vergangenheit ist bereits vorüber, die Zukunft hat noch nicht begonnen. Die Gegenwart ist die einzige Möglichkeit, dem Leben zu begegnen." Lebenskunst hat mit der Fähigkeit zu tun, sich selbst in der Gegenwart zu verankern. Viele Menschen haben den Eindruck, sie könnten im Leben etwas versäumen. Man kann aber nichts versäumen, außer den jetzigen Moment. Als Psychiater und Psychotherapeut bin ich natürlich grundsätzlich der Vergangenheitsbewältigung gegenüber positiv eingestellt. Wenn wir es nämlich vermeiden, unsere Wurzeln zu erkennen, dann können wir uns selbst nicht verstehen. Sich zu verstehen ist aber im Sinne der Liebe zu sich selbst unabdingbar, ansonsten werden wir für uns und unsere Umgebung zur Belastung. Es gibt aber nicht wenige Menschen, für die die Vergangenheitsbewältigung zum Lebensstil geworden ist. Das ist problematisch. Auf diese Weise bereitet man sich nur andauernd auf das Leben vor und fängt nie damit an.

Desgleichen gibt es viele, die sich immer um die Zukunft kümmern: Was kommt auf mich zu? Das ist die große Frage. Es kommt bekanntlich ohnehin so, wie es kommt. Das wiederum ist eine Binsenweisheit. Warum beschäftigen sich die Menschen dann so exzessiv mit ihrer Zukunft, dass sie vergessen, im Hier und Jetzt zu leben? Die Zukunftsangst ist eine Art Trance, die sie vor einer ungünstigen Zukunft schützen soll. Daher ist ein vertrauensvolles Leben tatsächlich die einzige Möglichkeit, dem Leben in sich eine Chance zu geben. Die große Frage ist natürlich: Wie gewinne ich Vertrauen? Wir versuchen immer Beweise zu finden, um zu Vertrauen zu kommen. Aber so geht es nicht. Vertrauen ist das Resultat der gefühlten Verbundenheit. Richten wir unsere Aufmerksamkeit auf die Verbundenheit, wird sie spürbar und unser Potenzial an Vertrauen kann sich entfalten.

HG: Mir ist in diesem Zusammenhang auch der Wert der Taufformel bewusst geworden: „Ich widersage und ich glaube!" Beides ist notwendig. Beides braucht eine Entscheidung. Der Glaube ist die tragende, inspirierende und tröstende Grundhaltung des Menschen. Aber auch der zweite Teil der Formel hat seine Bedeutung. Von Zeit zu Zeit ist es notwendig, sich selbst klarzumachen: Ich widersage! Ich lasse mich nicht von der Sogwirkung des Bösen und Negativen besiegen. Schon gar nicht lasse ich mich von irgendwelchen exotischen Botschaften in die Irre führen. Ich widersage! Eine Formel, die die innere Widerstandskraft des Menschen aufbauen kann. Schließlich sind wir – jetzt schon im Reich Gottes – nicht mehr Umherirrende und von einem blinden Schicksal Getriebene. Wir haben als Menschen eine Herkunft und Zukunft. Diese Gewissheit ist ein riesiger Schatz inmitten einer nervösen Gesellschaft, die sich allzu leicht in die Unruhe infolge propagierter Katastrophen treiben lässt. Gelassenheit ist die Grundtugend des Christen.

ML: Natürlich hat Gelassenheit mit der Treue zu dem zu tun, was einem selbst wirklich wichtig ist. Treue bedeutet, dem zu entsprechen, was man sich selbst versprochen hat. Das Widersagen hat sehr damit zu tun, sich klar zu werden, worum es geht. Wenn das Widersagen noch Kraft kostet, sollte man noch an der Klarheit arbeiten. Mit dem Glauben wird ja oft etwas Irrationales verbunden. Der Glaube, so denken viele aufgeklärte Zeitgenossen, ist die Einbildung, die man braucht, um das Leben in seiner Unabwägbarkeit auszuhalten. Er wird als Suchtmittel verstanden. Zum Teil werden jene „charakterschwachen" Individuen belächelt, die den Glauben notwendig haben. Manchmal kann man allerdings den Eindruck gewinnen, dass es zumindest eine Entropie der Einbildung gibt.

Ich denke an einen liebenswürdigen Verwandten, der sich nach einer heftigen Phase in einer katholischen charismatischen Bewegung in seiner Jugend psychisch missbraucht erlebt hat. Das hat ihm die Freude an der Religion nachhaltig ausgetrieben. Er hat sich zu einem radikalen Atheismus und zu einer radikal linken Positionierung, was immer das sein mag, bekehrt. Jetzt vertritt er diesen Glauben. Ich denke an einige Menschen, die dem Materialismus anhängen, ohne einsehen zu können, dass er ihnen nicht jene Freiheit schenkt, die er ihnen verspricht. Wahres Vertrauen, und damit hat Glaube zu tun, ist ein zutiefst vernünftiger Akt, der mit Klarheit des Geistes zu tun hat.

HG: Trotz unserer Betonung der Achtsamkeit im und für das „Jetzt" braucht es auch das Wissen um den Charakter des Provisorischen, der allem Irdischen anhaftet. „Alles ist Windhauch", schärfte schon Kohelet, der Prediger des Alten Bundes, seinen Zuhörern ein. Alles vergeht. Alles ist im Vorübergang, tatsächlich provisorisch. Wir leben in der Spannung von Dasein und Aufbruch. Das Reich Gottes steht in seiner vollendeten

Gestalt noch aus. Im Vaterunser kommt diese Spannung zum Ausdruck: „Dein Reich komme!" Diese eindringliche Bitte aus dem Mund Jesu legt sich quer zu allen wie auch immer ideologisch verbrämten Versuchen, das göttliche Reich auf Erden erzwingen zu wollen. Gottes Reich und nicht des Menschen Reich soll kommen. Vorläufig können wir uns nur mit einer produktiven Neugierde dem Leben stellen, das über den Tod hinausreicht. Frank Sinatra hat in einem Interview schelmisch und altersweise zugleich gesagt, dass er mit drei Worten seine gesamte Lebenserfahrung zusammenfassen könne. Das berühmte Zitat lautet: „It goes on." Übrigens ließ er auf seinen Grabstein den Titel eines Songs eingravieren, den er schon 1964 aufgenommen hatte: „The Best is Yet to Come!" – „Das Beste kommt noch!"

Nachwort

Die Texte

Die Grundlage für das vorliegende Buch sind Gespräche, die Hermann Glettler und Michael Lehofer am 29. und 30. Dezember 2017 in Innsbruck geführt haben. Begonnen haben sie mit einer vorläufigen Auswahl neutestamentlicher Bibelstellen, die sich dann im Laufe der Gespräche auf die nun verwendete Anzahl von 24 Texten vervollständigte.

Die beiden Autoren haben die verschriftlichte Fassung der ersten Gespräche anschließend in schriftlicher Form weitergeführt und ergänzt. Aus diesem Grund erklärt sich die mehr oder weniger deutliche Gesprächsatmosphäre in einigen Textpassagen, die nicht zur Gänze nachträglich retuschiert werden sollte. Es ist der Versuch, die Lebendigkeit der Begegnung auch auf diese Weise den Lesern zu vermitteln.

Die Grafiken

Die im Buch veröffentlichten Grafiken von Hermann Glettler sind Bildvariationen von traditionellen Bibelillustrationen, wie sie hauptsächlich für katechetische Zwecke ausgehend vom 19. Jahrhundert verwendet wurden. Das künstlerische Ausgangsmaterial sind Fotokopien von Werken der Nazarenerkünstler Julius Schnorr von Carolsfeld, Friedrich Overbeck u. a. Die Grafiken sind Bildverschiebungen und Motivfrakturen, Produkte eines künstlerischen Zugriffs mit einer bewusst beiläufigen, fast „trashigen" Note. Es geht um die Irritation und gleichzeitige Intensivierung konventioneller Bibel- und Christusbilder. Die Zuordnung zu den Inhalten der einzelnen Kapitel ist frei und assoziativ gewählt.

Dank

Ein herzliches Danke für die Hilfe zur exegetischen Vorbereitung der ausgewählten Evangelientexte an Martin Hasitschka, SJ und Mira Stare, ebenso für eine kritische Gegenlesung der Texte an Florian Mittl und Józef Niewiadomski sowie an Elisabeth Wagner für das Lektorat.

Grafiken:
Hermann Glettler, 2018

Textnachweis für die zitierten Bibelstellen:
Einheitsübersetzung der Heiligen Schrift, vollständig durchgesehene und überarbeitete Ausgabe
© 2016 Katholische Bibelanstalt GmbH, Stuttgart
Alle Rechte vorbehalten.